300만 독자가 선택한

가장 쉬운
독학 일본어 첫걸음
14,000원

가장 쉬운
독학 중국어 첫걸음
14,000원

가장 쉬운
프랑스어 첫걸음의 모든 것
17,000원

가장 쉬운
독일어 첫걸음의 모든 것
18,000원

가장 쉬운
스페인어 첫걸음의 모든 것
14,500원

버전업! 가장 쉬운
베트남어 첫걸음
16,000원

버전업! 가장 쉬운
태국어 첫걸음
16,800원

가장 쉬운
러시아어 첫걸음의 모든 것
16,000원

가장 쉬운
이탈리아어 첫걸음의 모든 것
17,500원

첫걸음 베스트 1위!

가장 쉬운
포르투갈어 첫걸음의 모든 것
18,000원

가장 쉬운
터키어 첫걸음의 모든 것
16,500원

버전업! 가장 쉬운
아랍어 첫걸음
18,500원

가장 쉬운
인도네시아어 첫걸음의 모든 것
18,500원

가장 쉬운
영어 첫걸음의 모든 것
16,500원

버전업! 굿모닝
독학 일본어 첫걸음
14,500원

가장 쉬운
중국어 첫걸음의 모든 것
14,500원

오늘부터는 팟캐스트로 공부하자!

팟캐스트 무료 음성 강의

▶▶1
iOS 사용자

Podcast 앱에서
'동양북스' 검색

▶▶2
안드로이드 사용자

플레이스토어에서 '팟빵' 등
팟캐스트 앱 다운로드,
다운받은 앱에서
'동양북스' 검색

▶▶3
PC에서

팟빵(www.podbbang.com)에서
'동양북스' 검색
애플 iTunes 프로그램에서
'동양북스' 검색

** 신규 팟캐스트 강의가 계속 추가될 예정입니다.

중국어 첫걸음 국민보급판

진현 지음

동양북스

중국어
첫걸음
국민보급판

초판 인쇄 | 2017년 2월 5일
초판 발행 | 2017년 2월 10일

지은이 | 진현
발행인 | 김태웅
총 괄 | 권혁주
편집장 | 이경숙
책임편집 | 권민서
디자인 | 방혜자, 성지현
마케팅 총괄 | 나재승
마케팅 | 서재욱, 김귀찬, 왕성석, 이종민, 조경현
온라인 마케팅 | 김철영, 양윤모, 탁수지
제 작 | 현대순
총 무 | 한경숙, 안서현, 최여진, 강아담
관 리 | 김훈희, 이국희, 김승훈, 이규재

발행처 | (주)동양북스
등 록 | 제2014-000055호(2014년 2월 7일)
주 소 | 서울시 마포구 동교로 22길 12(04030)
전 화 | (02)337-1737
팩 스 | (02)334-6624

www.dongyangbooks.com

ISBN 979-11-5768-235-5 03720

이 도서의 국립중앙도서관 출판예정도서목록(CIP)은 서지정보유통지원시스템 홈페이지(http://seoji.nl.go.kr)와
국가자료공동목록시스템(http://www.nl.go.kr/kolisnet)에서 이용하실 수 있습니다.
(CIP제어번호:CIP2017001836)

입만 살아 떠드는 중국어 하세요!

"넌 어째서 입만 살아서 떠드니? 조용히 좀 해."
핀잔이라구요? 아닙니다. 중국어를 배우는 여러분에게 드리고 싶은 최고의 칭찬입니다.
한자는 쓸 줄 몰라도 끊임없이 떠들면서 상대방의 반응(귀찮음이나 짜증이어도 좋습니다)
을 끌어낼 수 있다면, 그것이야말로 당신이 진짜 중국어를 구사하고 있다는 증거니까요.

중국어를 배운다는 사람은 많습니다. 국내는 물론이고 중국 현지에도 중국어를 배우는
한국 사람들이 아주 많습니다. 그렇지만 통역이라도 부탁할 일이 생겨서 사람을 찾으면,
선뜻 떠오르는 사람은 많지 않습니다. 왜 그럴까요? 모두들 어쩔 수 없이 중국어를 공부
하고 있는 것은 아닐까요? 배워야 하니까, 배우라고 하니까, 좋다고 하니까 수동적으로
공책에 끼적끼적…… 발음하기도 창피하고 확실히 알지도 못하는데 계속 따라 읽으라고
하니까 모기만한 목소리로 웅얼웅얼…… 이렇게 배운 중국어는 공책에 끼적거린 상태로,
입 속에서 웅얼거리는 상태로밖에 남아 있지 않습니다. 다른 사람을 향해 터져나가지 못하
는 언어가 무슨 언어입니까? 저는 여러분이 그렇게 중국어를 배우는 것을 원치 않습니다.

제가 이 책에서 당부하고 싶은 것은 딱 두 가지입니다.
우선 항상 들으면서 공부하라는 것! 외국어를 혼자서 공부할 때 생기는 최대 맹점은 발음
입니다. 그래서 처음 공부할 때는 원어민의 발음을 많이 듣고 따라해야 합니다. 파트가 나
누어진 대화라면 테이프를 틀어놓고 원어민과 대화하듯 연기도 해보고…… 자신의 목소
리를 녹음해서 원어민과 비교해보면 발음의 차이를 확연히 느낄 수 있습니다. MP3를 통
해 원어민의 발음을 계속 따라하면 학원에 가지 않고도 웬만한 중국어는 마스터할 수 있
습니다.
또 하나는 꾸준히 하라는 것! 한술에 배부르려 하면 반드시 체하고 탈이 납니다. 천천히,
그러나 꾸준히 공부해가세요. 하루에 1시간도 좋고 30분도 좋습니다. 토끼를 이긴 거북이
처럼, 날마다 투자한 짧은 시간들이 모이면 여러분도 어느새 중국어의 고수가 되어 있을
것입니다.

不怕慢只怕站! (늦는 것을 두려워 말고 멈추는 것을 두려워하라!)
부파　만　즈파　짠

저자 **진현**

차례

CONTENTS

중국어 첫걸음의
모든것……

CONTENTS

중국어 첫걸음의
모든것……

본문 꼼꼼 차례

단원 소개
각 단원의 본문에서 배울 회화 내용들이 재미있는
그림과 함께 간단한 중국어로 소개되어 있습니다.
그림 속 주인공들이 무슨 말을 하고 있는지 궁금하
시죠? 자, 그럼 책장을 넘겨주세요.

패턴회화
상황별 기본 문형을 배웁니다. 본문 중에서, 꼭 알
아야 할 구문과 문법사항이 포함된 부분을 미리 소
개한 것입니다. 패턴회화의 대화는 꼭 암기하세요!

패턴회화 새단어와 보충 새단어
각 페이지마다 새로 나온 단어들을 모두 소개하였
습니다. 본문에 소개된 새단어는 ■로, 본문을 제
외한 부분에 소개된 보충 새단어는 □로 구분하였
습니다.

첫걸음 포인트
초보자가 꼭 알아야 할 문법, 단어, 상황별 회화를
상세히 설명하였습니다. 쉬운 예문들이니 소리 내어
읽어보고, 문법사항은 본문을 이해할 수 있는 정도로
만 참고하세요.

Tip
'중국어 좀 한다'는 소리를 듣고 싶은 분들을 위해
첫걸음 포인트에서 빠진 사항들을 실었습니다. 일
단은 부담 없이 읽고 '이런 것이 있구나~' 정도로만
알고 넘어가세요.

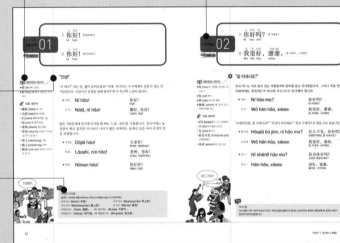

이 책은 이렇게 공부하세요!

하나, MP3를 듣고 오디오북을 펼치세요.
'공부해야지~' 하면서 벌써부터 교재를 펴서 읽고 있나요? 성실한 학생이라고 자부하면서 공책에 단어를 적고 있나요?
틀렸습니다. 제일 먼저 MP3를 들으세요. 중국어는 어떤 소리가 나는 언어인지 귀로 느끼는 것이 공부의 첫 단추입니다. 그날 학습
할 내용을 우선 귀로 듣고 추측해보세요.

둘, 책은 꼼꼼히 읽되, 한자는 구경만 하세요.
'패턴회화 새단어 → 보충 새단어 → 패턴회화 → 본문 → 실력 다지기' 순으로 읽어나가세요. ('팁'과 '첫걸음 문법'은, 처음 공부할
때는 읽지도 말고 건너 뛰세요.) 읽다가 모르는 부분이 나오면 일단 표시만 해두고 그냥 넘어가세요. 단어도 병음만 익히고 한자는
구경만 하세요.

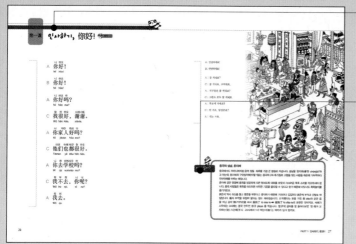

본문

총 20개의 주제를 가지고, 일상 생활 전반에서 쓰이는 회화, 단어, 문법, 구문을 총망라했습니다. 패턴 회화를 공부했다면 혼자서도 무리 없이 읽고 이해할 수 있습니다.

이거 알아?

언어를 배우는 궁극적인 목적이 '문화의 이해'인 만큼, 중국 사회의 여러 단면을 짤막하게 소개하였습니다. 공부하다 지루해지면 상식도 넓히고 머리도 식힐 겸 가볍게 읽어보세요.

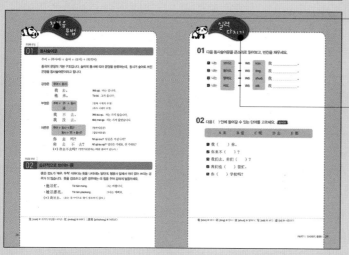

첫걸음 문법

각 단원에서 배운 문법 사항을 체계적으로 정리하였습니다. 이 책을 1회 이상 완독한 후 중국어의 체계에 대한 궁금증이 생기는 분들을 위한 내용이니 처음부터 무리하게 다 이해하려고 하지 마세요.

실력 다지기

회화 구문을 연습해볼 수 있습니다. 새로운 단어를 이용해서 자신만의 문장을 만들어보는 일이 중요합니다. (新HSK와 관련된 문제는, 처음에는 풀지말고 넘어가셔도 좋습니다.)

셋, 동영상 강의를 들으세요.

학원에 가는 번거로움 없이, 내 책상 앞까지 달려와 가르쳐주는 선생님의 명강의를 놓치는 어리석은 분은 없겠죠? 몰라서 표시해 두었던 부분을 특히 집중해서 듣고 나면, 이제 한 과를 한 번 공부하신 겁니다. 축하해요!

넷, MP3와 오디오북을 수시로 반복해서 들으세요.

내용을 다 안다 싶으면 바로 다음 단원으로 넘어가거나 교재를 바꾼다고요? 어리석은 일입니다. 무슨 내용인지 손바닥 보듯 뻔히 안다면, 오디오북과 MP3만 가지고 다니면서 반복 청취하세요. 외국어 공부의 왕도는 반복뿐이며, 반복할 때마다 학습효과는 배가됩니다. MP3를 들으면서 교재를 한 번 읽고, 동영상 강의를 들으면서 교재를 또 한 번 이해하고, 다시 MP3를 들으면서 중국인과 동시에 말해보세요.

중국어에 대한 소문과 진실

Q 방언이 많다던데요?

A 한반도의 44배나 되는 땅덩어리에 56개의 민족이 살고 있는 나라가 중국입니다. 방언이 줄잡아 80여 개가 넘는다고 하는데, 지역이 멀리 떨어진 경우에는 중국 사람들끼리도 의사소통이 안 되어 '방언통역사'가 있을 정도라고 합니다. 중국 정부도 이런 문제점을 의식해서 표준 언어를 정했는데, 이것을 보통화(普通话) 혹은 한어(汉语)라고 합니다. 그래도 대부분의 중국 사람들은 표준어를 구사할 줄 알고, 타이완이나 홍콩에 가도 중국 표준어가 다 통하니 괜한 걱정은 하지 마세요.

Q 발음이 어렵다던데요?

A 처음부터 쉬운 외국어 발음이 어디 있나요? 처음 배우는 발음인데다 익숙하지 않은 혀의 근육을 쓰기 때문에 그렇게 느껴지는 것일 뿐, 특별히 중국어라서 어려운 것이 아닙니다. 발음에 너무 신경을 쓰다가 제풀에 지쳐 포기하는 분들을 보면 너무 안타깝습니다. 발음은 꾸준히 귀로 들으면서 교재를 통해 서서히 잡아가면 됩니다. 자꾸 연습하다 보면 어렵게만 느껴지던 중국어가 자기도 모르게 술술 나온답니다.

Q 발음을 영어로 쓴다던데요?

A 네, 맞습니다. 글자의 생김새만 보고도 발음할 수 있는 한글과 달리, 한자는 표의문자(뜻글자)이기 때문에 생김새만으로는 그 발음을 알 수가 없습니다. 그래서 로마 알파벳을 이용한 발음 표기법이 따로 있는데, 이것을 한어병음이라고 합니다. 영어처럼 표기는 하지만, 읽는 방법은 영어와 전혀 다른 것들이 있으므로 주의해야 합니다. 가령 e의 경우, 本子(běnzi, 공책, '뻔즈'라고 읽는다.)를 영어식으로 읽으면 '뻰찌'라는 철사 자르는 기구가 되어버린답니다.

Q '성조'라는 게 있다던데요?

A 성조는 음의 높낮이를 말합니다. 우리말에도 예전에는 있었다는데, 지금은 경상도 지역에만 약간 살아 있습니다. 경상도 말로 '가가 가가가?(그 아이 성씨가 가씨인가?)'라고 할 때, 같은 글자이지만 톤이 전부 다른 것을 생각해보시면 이해가 빠를 겁니다. 중국어는 같은 발음이라도 성조가 다르면 의미가 달라지기 때문에 성조에 주의하셔야 합니다.

중국어의
발음과
성조

※〈중국어의 발음과 성조〉 부분에서는 학습자들이 좀 더 쉽게 한어병음과
　발음을 익히는 데 중점을 두어, 간체자 표기는 생략하였습니다.
※중국어 발음의 우리말 표기는 표기 규칙을 따르지 않고, 현지 발음에 최
　대한 가깝게 표기하였습니다.
※성조는 우리말로 표기할 수 없으므로 한어병음을 보면서 정확히 익히
　도록 합니다.

중국어의 기본, 간체자와 한어병음

우리가 배울 중국어는 보통화(普通话)입니다. 보통화는 중국에서 통용되는 한자인 간체자를 사용하며, 한어병음으로 발음을 표기합니다. 그 중 한어병음은 '성모 + 운모 + 성조'로 이루어집니다. 실제 예를 들어 살펴볼까요?

东 dōng 명 동쪽

성조 / 성모 / 운모

간체자 동쪽 방향을 뜻하는 글자 东입니다. 우리가 알고 있는 한자 東과는 모양이 다르지요? 표준어에서는 1956년부터 기존의 복잡한 글자를 간단하게 바꾼 새로운 표기법, 간체자를 사용하고 있습니다. 예전의 표기법은 번체자라고 구분하여 부르는데, 지금도 홍콩이나 타이완에서는 이 번체자를 사용한답니다.

한어병음 한자는 뜻글자이기 때문에 东만 보아서는 어떻게 읽는지 알 수 없습니다. 그래서 알파벳을 이용한 발음기호, 한어병음으로 알려줍니다. 东은 'dōng'으로 읽는데, 이 한어병음이 '성모 + 운모 + 성조'로 이루어져 있습니다.

성모 우리말의 자음에 해당하며, 21개가 있습니다.

운모 성모를 제외한 나머지 음절을 말하며, 38개가 있습니다.

성조 음절의 높낮이를 말하며, 4성이 있습니다.

중국어의 6가지 기본 운모 🔘 MP3 101

38개의 운모 중에서 가장 기본이 되는 6가지 기본 운모를 먼저 알아봅시다.

a ①
'아'처럼
입을 크게 벌리고
혀는 낮게.

o
'오어'처럼
입을 동그랗게
오므렸다가 풀어주고
혀는 중간 뒤쪽에.

e ②
'으어'처럼
입술을 옆으로 살짝 벌리고
윗니와 아랫니도 벌리고
혀는 뒤쪽 중앙에.

i ③
'이'처럼
입술을 옆으로 살짝 벌리고
윗니와 아랫니는 거의 붙이고
혀는 아랫쪽 앞에.

u
'우'처럼
입술을 내밀고.

ü ④
'위'처럼
입술을 동그랗게 내밀고.

① ian, üan의 형태로 쓰일 경우에는 우리말의 '에' 발음에 가깝습니다.
   tiāntiān [티엔티엔] 매일, yuǎn [위앤] 멀다

② e의 기본 발음은 '으어'이지만, ie, ei, üe의 형태로 쓰일 때는 우리말의 '에'에 가깝게 발음합니다.
   yéye [예예] 할아버지, fēijī [페이지] 비행기, yuè [위에] 달

③ 보통 '이'로 발음하지만, z, c, s, zh, ch, sh, r 뒤에서는 '으'에 가깝게 발음합니다.
   jī [지] 닭, xī [시] 서, chī [츠] 먹다, sì [쓰] 4

④ 우리말 '위'의 발음은 '위이'에 가깝지만 ü는 처음부터 끝까지 입술을 오므리고 있어야 한다는 점을 주의
   하세요.

※ i, u, ü가 다른 성모 없이 단독으로 사용될 때는 앞에 특정 성모를 첨가하여 yi, wu, yu로 표기합니다.
   이때 yu의 u는 ü를 의미하므로 '유'가 아니라 '위'로 발음해야 합니다.

중국어의 21가지 성모 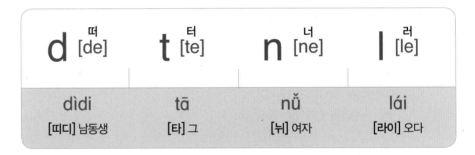 MP3 102

성모는 자음을 뜻합니다. 영어보다 더 세고 된소리로 발음되는 경향이 있습니다.

◐ **쌍순음 : 윗입술과 아랫입술을 붙였다가 떼면서 발음하세요.**

◐ 순치음

b ^뽀 [bo]	p ^포 [po]	m ^모 [mo]	f ^포 [fo]
bàba	pópo	māma	fūfù
[빠바] 아버지	[포포] 시어머니	[마마] 어머니	[푸푸] 부부

※ 순치음 f 는 윗니와 아랫입술을 붙였다가 떼면서 발음하는데, 영어의 [f] 발음과 비슷합니다.

◐ **설첨음 : 혀끝을 앞니 뒤에 댔다가 떼면서 발음하세요.**

d ^떠 [de]	t ^터 [te]	n ^너 [ne]	l ^러 [le]
dìdi	tā	nǔ	lái
[띠디] 남동생	[타] 그	[뉘] 여자	[라이] 오다

◐ **설근음 : 혀뿌리로 목구멍을 막았다가 떼면서 발음하세요.**

g ^꺼 [ge]	k ^커 [ke]	h ^허 [he]
gēge	kū	hē
[꺼거] 오빠, 형	[쿠] 울다	[허] 마시다

◑ 설면음 : 입을 옆으로 벌리고 혀를 평평하게 하면서 발음하세요.

j 지 [ji]	q 치 [qi]	x 시 [xi]
jī	qīzi	xǐ
[지] 닭	[치즈] 아내	[시] 씻다

◑ 권설음 : 혀끝을 말아 입천장에 붙였다가 약간 떼면서 발음하세요.

zh 즈 [zhi]	ch 츠 [chi]	sh 스 [shi]	r 르 [ri]
zhū	chī	shū	rìjì
[주] 돼지	[츠] 먹다	[수] 책	[르지] 일기

※ 중국어 발음 중에서 가장 어려운 발음입니다. 여러 번 반복해서 연습하세요!

◑ 설치음 : 혀끝을 윗니의 뒤쪽에 댔다가 떼면서 발음하세요.

z 쯔 [zi]	c 츠 [ci]	s 쓰 [si]
zìjǐ	cù	sì
[쯔지] 자신	[추] 식초	[쓰] 넷

※ 혀를 찰 때 내는 '쯧쯧'과 위치가 같습니다. 권설음과는 확연하게 다른 발음입니다.

중국어의 4가지 성조 MP3 103

중국어 발음과 성조를 처음 배울 때 목이 조금이라도 쉬지 않으면 반칙입니다. 무슨 소리냐구요? 중국어에는 4개의 성조가 있는데, 노래하듯이 높낮이를 확실하게 구분해서 큰소리로 연습을 해야 합니다. 그래서 열심히 하다 보면 자기도 모르게 목이 쉬게 됩니다. 자, 준비됐나요?

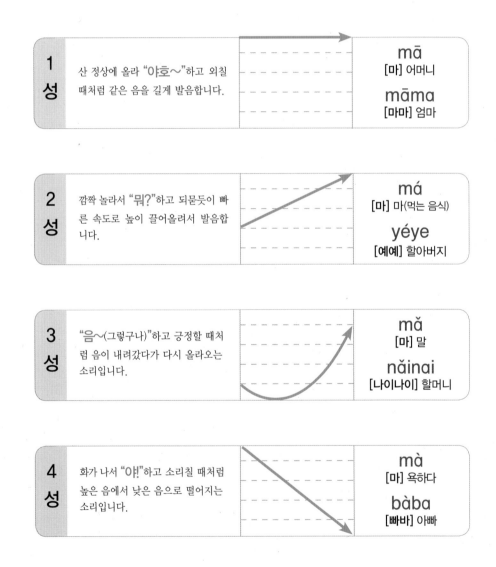

1성
산 정상에 올라 "야호~"하고 외칠 때처럼 같은 음을 길게 발음합니다.

mā
[마] 어머니
māma
[마마] 엄마

2성
깜짝 놀라서 "뭐?"하고 되묻듯이 빠른 속도로 높이 끌어올려서 발음합니다.

má
[마] 마(먹는 음식)
yéye
[예예] 할아버지

3성
"음~(그렇구나)"하고 긍정할 때처럼 음이 내려갔다가 다시 올라오는 소리입니다.

mǎ
[마] 말
nǎinai
[나이나이] 할머니

4성
화가 나서 "야!"하고 소리칠 때처럼 높은 음에서 낮은 음으로 떨어지는 소리입니다.

mà
[마] 욕하다
bàba
[빠바] 아빠

성조 부호는 음절표기상 운모(a, e, o, u, i) 위에 붙는데, 다음과 같은 규칙이 있습니다.

① 운모 중에 a가 있으면 반드시 a에 성조를 붙입니다.

  tā [타] 그   hǎo [하오] 좋다   kuài [콰이] 빠르다   lái [라이] 오다

② 운모 중에 a가 없으면 e와 o에 성조를 붙입니다.

  gěi [게이] 주다   hē [허] 마시다   duō [뚜어] 많다   kǒu [커우] 입

③ 운모 중에 a, e, o가 없으면, -iu는 u에, -ui는 i에 성조를 붙입니다.

  liù [리우] 여섯, 6   jiǔ [지우] 아홉, 9   shuǐ [쉐이] 물   tuǐ [퉤이] 다리

④ 운모 i에 성조를 붙여야 할 경우에는 i 위의 점을 떼고 붙입니다.

  bǐ [삐] 펜   sì [쓰] 넷, 4   chī [츠] 먹다   zìjǐ [쯔지] 자신

경성

두 음절 이상의 단어 가운데 마지막이나 가운데 음절은 종종 본래의 성조 대신 짧고 가볍게 발음하는 경우가 있는데, 이것을 '경성'이라고 합니다. 두 음절 중에서 앞 음절은 제대로 발음해주고 뒤 음절은 살짝 발음하면서 끊어주는 겁니다. 경성은 성조 부호를 표기하지 않습니다.

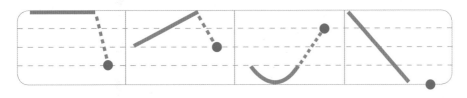

māma [마마] 엄마   pópo [포포] 시어머니   nǎinai [나이나이] 할머니   mèimei [메이메이] 여동생
qīzi [치즈] 아내   péngyou [펑여우] 친구   běnzi [뻔즈] 공책   pàngzi [팡즈] 뚱뚱한 사람

중국어의 13가지 복운모 MP3 104

복운모는 기본 운모가 2개 이상 합쳐진 발음입니다. 주요 운모인 a, o, e를 다른 운모보다 상대적으로 길게 발음합니다.

◑ 앞 운모의 발음을 길~게!

ai 아이	ei 에이	ao 아오	ou 오우
nǎinai	mèimei	māo	kǒu
[나이나이] 할머니	[메이메이] 여동생	[마오] 고양이	[커우] 입

※ e는 i, u, ü를 만나면 발음이 '어'가 아닌 '에'로 변합니다(ei, üe, uei).

◑ 뒤 운모의 발음을 길~게!

ia 이아	ie 이에	ua 우아	uo 우어	üe 위에
jiā	yéye	huā	wǒ	yuè
[쟈] 집	[예-예] 할아버지	[화] 꽃	[워] 나	[위에] 달
yá		wā		
[야] 치아		[와] 파다		

※ ia는 i를 너무 짧게 읽어 우리말의 '야'처럼 읽으면 안 됩니다.
　i로 시작하는 복운모 앞에 성모가 없으면 i를 y로 표기합니다.
※ ua는 u를 너무 짧게 발음하여 '아'처럼 읽으면 안 됩니다.
　u로 시작하는 복운모 앞에 성모가 없으면 u는 w로 표기합니다.
※ ü로 시작되는 복운모 앞에 성모가 없으면 ü는 yu로 표기합니다.

◑ 가운데 운모의 발음을 길~게!

iao 이야오	iou 이오우	uai 우아이	uei 우에이
yào	qiú	shuài	shuǐ
[야오] 약	[치우] 공	[솨이] 잘생겼다	[쉐이] 물

※ iao는 앞에 성모가 없으면 yao로 표기합니다.
※ iou는 앞에 성모가 없으면 you로 표기하고, 성모가 있으면 '성모 + iu'로 표기합니다.
※ uai는 앞에 성모가 없으면 wai로 표기합니다.
※ uei는 앞에 성모가 없으면 wei로 표기하고, 성모가 있으면 '성모 + ui'로 표기합니다.

중국어의 16가지 비운모

비운모는 콧소리가 나는 운모를 말합니다.

an 안 fàn [판] 밥	**ian**① 이엔 tiāntiān [티엔티엔] 매일
uan② 우안 tuántǐ [투안티] 단체 wǎn'ān [완안] 저녁 인사	**üan**③ 위앤 yuǎn [위앤] 멀다
en 언 běnzi [뻔즈] 공책	**in** 인 jīnzi [진즈] 황금
uen④ 원 wèntí [원티] 문제 chūntiān [춘티엔] 봄	**ün** 윈 xùnliàn [쉰리엔] 훈련 yùndòng [윈똥] 운동
ang 앙 pàngzi [팡즈] 뚱뚱한 사람	**iang**⑤ 이앙 jiānglái [쟝라이] 장래
uang 왕 chuáng [촹] 침대 wǎngqiú [왕치우] 테니스	**eng** 엉 péngyou [펑여우] 친구
ing 잉 Yīngguó [잉꿔] 영국	**ueng**⑥ 윙 wēng [윙] 노인
ong⑦ 웅 Zhōngguó [중꿔] 중국	**iong**⑧ 융 xióng [슝] 곰

① '이안'이 아니라 '이엔'으로 읽습니다. 앞에 성모가 없으면 yan으로 표기합니다.
② 앞에 성모가 없으면 wan으로 표기합니다.
③ '위안'이 아니라 '위앤'으로 읽습니다. 앞에 성모가 없으면 yuan으로 표기합니다.
④ 앞에 성모가 없으면 wen으로, 성모가 있으면 un으로 표기합니다.
⑤ 운모 앞에 성모가 없으면 yang으로 표기합니다.
⑥ 이 발음 앞에는 다른 성모가 오지 않습니다. 그래서 표기할 때는 항상 weng으로 표기합니다.
⑦ 너무 강하게 '웅'으로 발음하면 어색합니다. '옹'과 '웅'의 중간 발음쯤으로 소리 내보세요.
⑧ 운모 앞에 성모가 없으면 yong으로 표기합니다.

PART **1**

인사 하기, 你好!

패턴회화 01

🔘 MP3 107

A 니 하오
你好! 안녕하세요!
Nǐ hǎo!

B 니 하오
你好! 안녕하세요!
Nǐ hǎo!

📖 패턴회화 새단어

■ 你 [nǐ] 대 너, 당신
■ 好 [hǎo] 형 좋다, 건강하다, 안녕
하다

✏️ 보충 새단어

□ 娜拉 [Nàlā] 고 나라
□ 大家 [dàjiā] 명 여러분
□ 们 [men] 접미 (복수형)~들
□ 您 [nín] 대 你의 존칭
□ 老师 [lǎoshī] 명 선생님
□ 早安 [zǎo'ān] 안녕히 주무셨
습니까?, 잘 잤니?
□ 早上 [zǎoshang] 아침
□ 晚上 [wǎnshang] 저녁
□ 晚安 [wǎn'ān] 안녕히 주무세
요, 잘 자

"안녕!"

"니 하오!" 라는 말, 많이 들어보셨죠? 언제, 어디서나, 누구에게나 건넬 수 있는 인사말입니다. 이름이나 호칭을 앞에 붙여주면 더 친근한 느낌이 듭니다.

● 나라 : **Nǐ hǎo!**　　　　　你好!
　　　　　　　　　　　　　　　　안녕!

근석 : **Nàlā, nǐ hǎo!**　　　娜拉, 你好!
　　　　　　　　　　　　　　　　나라야, 안녕!

많은 사람들에게 동시에 인사를 할 때는 大家, 你们을 사용합니다. 중국어에는 높임말이 따로 없지만 자기보다 나이가 많은 분에게는 你대신 您을 써서 존경의 뜻을 표현합니다.

● 선생님 : **Dàjiā hǎo!**　　　大家好!
　　　　　　　　　　　　　　　여러분, 안녕하세요!

학생 : **Lǎoshī, nín hǎo!**　老师, 您好!
　　　　　　　　　　　　　　　선생님, 안녕하세요!

● 학생 : **Nǐmen hǎo!**　　　你们好!
　　　　　　　　　　　　　　　얘들아, 안녕!

大家好!

Tip

다양한 인사말
你好! 이외에도 생활 속에서 늘 쓰이는 인사말들이 있습니다. 알아두세요

일어나서 Zǎo'ān! 早安!　　　　　　　아침 인사 Zǎoshang hǎo! 早上好!
저녁 인사 Wǎnshang hǎo! 晚上好!　　밤 인사 Wǎn'ān! 晚安!
고맙습니다. Xièxie. 谢谢。　➡ 천만에요. Bú kèqi. 不客气。
미안합니다. Duìbuqǐ. 对不起。➡ 괜찮습니다. Méi guānxi. 没关系。

🔘 MP3 108

A 你好吗?　잘 지내요?
　Nǐ hǎo ma?
　니 하오 마

B 我很好, 谢谢。　잘 지내요, 고마워요.
　Wǒ hěn hǎo, xièxie.
　워 헌 하오　시에시에

📖 패턴회화 새단어

■ 吗 [ma] 조 의문을 나타내는 어기조사

■ 我 [wǒ] 대 나

■ 很 [hěn] 부 아주, 매우

■ 谢谢 [xièxie] 동 감사드리다, 사례의 말을 하다

✏️ 보충 새단어

□ 好久 [hǎojiǔ] 명 긴 시간, 오랫동안

□ 不 [bù] 부 부정을 나타냄

□ 见 [jiàn] 동 보다

□ 好久不见 [Hǎojiǔ bú jiàn] 오랜만이에요

□ 身体 [shēntǐ] 명 신체, 건강

🔘 "잘 지내시죠?"

你好吗?는 서로 알고 있는 사람들끼리 안부를 묻는 인사말입니다. 그러니 처음 만난 사람에게는 你好吗?가 아니라 你好!라고 인사해야 합니다.

● 나라 : Nǐ hǎo ma?　　　　　你好吗?
　　　　　　　　　　　　　　　잘 지내죠?

　근석 : Wǒ hěn hǎo, xièxie.　我很好, 谢谢。
　　　　　　　　　　　　　　　잘 지내요. 고마워요.

"오랜만인데, 잘 지내시죠?" "건강이 어떠세요?" 하고 구체적으로 물을 수도 있습니다.

● 왕선생 : Hǎojiǔ bú jiàn, nǐ hǎo ma?　好久不见, 你好吗?
　　　　　　　　　　　　　　　　　　　오랜만이에요, 잘 지내시죠?

　김선생 : Wǒ hěn hǎo, xièxie.　　　　我很好, 谢谢。
　　　　　　　　　　　　　　　　　　　잘 지내요. 고마워요.

● 친구 : Nǐ shēntǐ hǎo ma?　你身体好吗?
　　　　　　　　　　　　　　건강은 괜찮으세요?

　친구 : Hěn hǎo, xièxie.　　很好, 谢谢。
　　　　　　　　　　　　　　좋아요. 고마워요.

好久不见!

누구……시더라?

Tip

부사 很
부사 很은 '아주, 매우'의 뜻이 있지만, 뒤에 단음절 형용사가 올 때는 습관적으로 붙이며 실제 말할 때 강조의 의미가 없으면 약하게 발음합니다.

A 你家人好吗? 식구들은 잘 지내죠?
　　니　쟈런　하오　마
　　Nǐ jiārén hǎo ma?

B 他们也都很好。 그들도 모두 잘 지내요.
　　타먼　예　떠우　헌　하오
　　Tāmen yě dōu hěn hǎo.

패턴회화 03

 MP3 109

인칭대명사

📖 **패턴회화 새단어**

- 家人 [jiārén] 명 가족
- 他 [tā] 대 그
- 们 [men] 접미 (복수형)~들
- 也 [yě] 부 역시
- 都 [dōu] 부 모두, 전부

✏️ **보충 새단어**

- 她 [tā] 대 그녀
- 它 [tā] 대 그것
- 咱们 [zánmen] 대 우리들

	단수	복수
1인칭 (나)	我 wǒ	我们 wǒmen 咱们 zánmen
2인칭 (너/당신)	你 nǐ 您 nín	你们 nǐmen
3인칭 (그/그녀/그것)	他/她/它 tā	他们/她们/它们 tāmen

- Wǒmen dōu hěn hǎo.　　　我们都很好。
  우리는 모두 잘 지내요.

- Tā shēntǐ hěn hǎo.　　　他身体很好。
  그의 건강은 좋아요.

부사의 위치

也, 都, 很처럼 술어를 꾸며주는 말을 부사라고 합니다. 부사는 술어의 앞에 오는데 也, 都, 很의 세 가지 부사가 함께 쓰일 때는 이 순서대로 말합니다.

- Wǒmen yě dōu hěn hǎo.　　　我们也都很好。
  우리도 모두 잘 지내요.

我们都很好。
你们好吗？

Tip

我们과 咱们의 차이점
我们은 '우리'라는 의미로 제한 없이 쓰는 반면, 咱们은 듣고 있는 상대방까지 포함할 때만 사용합니다.

A : 나, C, D와 함께 등산 가기로 했어.　　　　　　　　　B : 좋겠다.
A : 우리(我们) 이번주 일요일에 가는데, 너도 시간 있어?　　B : 응. 나도 갈래.
A : 그럼 우리(咱们) 같이 가자.

패턴회화 **04**

MP3 110

A 你去学校吗? 학교에 가세요?
니 취 쉬에샤오 마
Nǐ qù xuéxiào ma?

B 我不去，你呢? 안 가요, 당신은요?
워 부 취 니 너
Wǒ bú qù, nǐ ne?

 패턴회화 새단어

- 去 [qù] 동 가다
- 学校 [xuéxiào] 명 학교
- 不 [bù] 부 부정을 나타냄
- 呢 [ne] 조 문장 끝에서 의문을 나타내는 어기조사

✏️ **보충 새단어**
- 来 [lái] 동 오다

의문문 만들기

문장 끝에 吗나 呢만 붙여주면 의문문이 됩니다. 아주 간단하죠?

- 나라 : **Nǐ qù xuéxiào ma?**　你去学校吗?
  너는 학교에 가니?

  근석 : **Wǒ qù, nǐ ne?**　我去，你呢?
  응, 너는? (너도 학교에 가니?)

이미 알고 있는 어떤 상황에 대해 간단히 되물을 때는 명사나 대명사 뒤에 呢?만 붙여주면 됩니다.

- 왕선생 : **Nǐ lái, tā lái, tā ne?**　你来，他来，她呢?
  너 오고, 걔 오고, 그녀는?

我去, 你呢?

와라, 와라.

오지 마라, 오지 마라.

 Tip

不의 성조 변화
술어를 부정하는 不는 읽을 때 헷갈리기 쉽습니다. 원래는 아래로 내려 읽는 4성이지만, 2성으로 발음하는 경우도 있기 때문이지요.

- 우선 1, 2, 3성 앞에서는 원래대로 4성으로 발음합니다.
  Bù hǎo. 不好. 안 좋아요.
- 4성 앞에서는 2성으로 발음합니다.
  Wǒ bú qù xuéxiào. 我不去学校. 나는 학교에 안 가요.
- 단어의 중간에 놓일 때는 경성으로 발음합니다.
  Duìbuqǐ. 对不起. 미안합니다.

第一课　인사하기, 你好! MP3 111

A
니 하오
你好!
Nǐ hǎo!

B
니 하오
你好!
Nǐ hǎo!

A
니 하오 마
你好吗?
Nǐ hǎo ma?

C
워 헌 하오　시에시에
我很好，谢谢。
Wǒ hěn hǎo, xièxie.

A
니 쟈런 하오 마
你家人好吗?
Nǐ jiārén hǎo ma?

C
타먼　이에 떠우 헌 하오
他们也都很好。
Tāmen yě dōu hěn hǎo.

A
니 취 쉬에샤오 마
你去学校吗?
Nǐ qù xuéxiào ma?

C
워 부 취　니 너
我不去，你呢?
Wǒ bú qù, nǐ ne?

A
워 취
我去。
Wǒ qù.

A : 안녕하세요!

B : 안녕하세요!

A : 잘 지내요?

C : 잘 지내요. 고마워요.

A : 식구들은 잘 지내죠?

C : 그들도 모두 잘 지내요.

A : 학교에 가세요?

C : 안 가요, 당신은요?

A : 저는 가요.

이거 알아?

중국의 설날, 춘지에

중국에서도 우리나라처럼 음력 정월 하루를 가장 큰 명절로 지냅니다. 설날을 '춘지에(春节 chūnjié)'라고 하는데, 춘지에와 구오칭지에(10월 1일)는 중국의 2대 휴가철로 고향을 찾는 사람들 때문에 기차역마다 인산인해를 이루는 때입니다.

춘지에 같은 명절에 중국을 방문하게 되면 밤새도록 대포를 쏘듯이 시끄러운 폭죽 소리를 각오하셔야 합니다. 중국 사람들은 폭죽을 터뜨리면 사악한 기운을 물리칠 수 있다고 믿기 때문에 너도나도 폭죽놀이를 즐기거든요.

붉은색 역시 귀신을 쫓고 행운을 부른다고 생각하기 때문에 거리마다 집집마다 붉은색 부적과 깃발로 뒤덮입니다. 福자 부적을 뒤집어 붙이는 점도 재미있습니다. 도착했다는 뜻을 가진 到 dào와 같은 음을 지닌 글자 倒(거꾸로)를 써서 福到了 fú dào le ➡ 福倒了 fú dǎo le로 표현한 것이지요. 새해가 시작되는 0시에는 중국 만두인 饺子 jiǎozi 를 먹습니다. 饺子의 글자를 잘 들여다보면 '한 해가 교차하는(交) 시간에(子시 : 23시에서 1시) 먹는다(食)'는 의미가 담겨 있지요.

01 동사술어문

주어 + (부사어) + 술어 + (보어) + (목적어)

중국어 문장의 기본 구조입니다. 술어의 품사에 따라 문장을 분류하는데, 동사가 술어로 쓰인 문장을 동사술어문이라고 합니다.

긍정문 　주어 + 동사

| 我 | 去。 | Wǒ qù. 나는 갑니다. |
| 他 | 来。 | Tā lái. 그가 옵니다. |

부정문 　주어 + 不 + 동사　　(현재 시제의 부정)
　　　　　　　　　没　　　　　(과거 시제의 부정)

| 我 | 不 | 去。 | Wǒ bú qù. 저는 가지 않습니다. |
| 我 | 没 | 去。 | Wǒ méi qù. 저는 가지 않았습니다. |

의문문 　주어 + 동사 + 吗?　　(일반의문문)
　　　　　동사 + 不 + 동사?　(정반의문문)

| 你 | 去 | 吗? | Nǐ qù ma? 당신은 가십니까? |
| 你 | 去 | 不 | 去? | Nǐ qù bu qù? 당신은 가세요, 안 가세요? |

(×) 你去不去吗? (정반의문문에는 吗를 붙이지 않는다.)

02 습관적으로 쓰이는 很

很은 정도가 '매우, 무척' 더하다는 뜻을 나타내는 말인데, 형용사 앞에서 의미 없이 쓰이는 경우가 더 많습니다. 뜻을 강조하고 싶은 경우에는 더 힘을 주어 강하게 발음하세요.

- 他很忙。　　　　Tā hěn máng.　　　　　그는 바쁩니다.
- 她很漂亮。　　　Tā hěn piàoliang.　　　그녀는 예뻐요.

(×) 我很去。 (去는 동사이므로 很이 필요하지 않다.)

没 [méi] 부 과거의 부정을 나타냄 | 忙 [máng] 형 바쁘다 | 漂亮 [piàoliang] 형 아름답다

01 다음 동사술어문을 큰소리로 읽어보고, 빈칸을 채우세요.

1 나는 | 보아요. ➡ Wǒ | kàn. | 我 _____。

2 나는 | 들어요. ➡ Wǒ | tīng. | 我 _____。

3 나는 | 말해요. ➡ Wǒ | shuō. | 我 _____。

4 나는 | 써요. ➡ Wǒ | xiě. | 我 _____。

02 다음 ( ) 안에 들어갈 수 있는 단어를 고르세요. 新HSK

| A 来 | B 爱 | C 呢 | D 去 | E 都 |

1 我 ( ) 你。

2 你来不 ( ) ?

3 我们去，你们 ( ) ?

4 我们也 ( ) 很忙。

5 你 ( ) 学校吗?

看 [kàn] 동 보다 | 听 [tīng] 동 듣다 | 说 [shuō] 동 말하다 | 写 [xiě] 동 쓰다 | 爱 [ài] 동 사랑하다

PART 2

이름 묻기, 您贵姓?

패턴회화 01

🎵 MP3 113

A 请问，您贵姓? 성함이 어떻게 되세요?
Qǐngwèn, nín guì xìng?
칭원 닌 꿰이 싱

B 我姓金，叫喜善。 성은 김이고, 이름은 희선입니다.
Wǒ xìng Jīn, jiào Xǐshàn.
워 싱 진 쨔오 시산

"이름이 뭐예요?"

📖 **패턴회화 새단어**

- **请问** [qǐngwèn] 말씀 좀 물을 게요
- **您** [nín] 대 你의 존칭
- **贵** [guì] 형 귀하다. 비싸다
- **姓** [xìng] 동 성을 ~라고 하다
- **叫** [jiào] 동 이름을 ~라고 하다
- **金喜善** [Jīn Xǐshàn] 고 김희선

✏️ **보충 새단어**

- **李多海** [Lǐ Duōhǎi] 고 이다해
- **什么** [shénme] 대 어떠한
- **名字** [míngzi] 명 이름
- **李敏镐** [Lǐ Mǐnhào] 고 이민호

您贵姓?은 성을 묻는 인사말이지만, 대답할 때는 성과 함께 이름까지 말하는 것이 좋습니다. 이때 我姓~이라고 대답해야지, 我贵姓~이라고 하면 스스로를 높이는 것이 되니까 주의해야 합니다.

● 민호 : Qǐngwèn, nín guì xìng?　请问，您贵姓?
저기요, 성함이 어떻게 되세요?

다해 : Wǒ xìng Lǐ, jiào Duōhǎi.　我姓李，叫多海。
성은 이가이고 이름은 다해입니다.

비슷한 연령대의 사람에게 비공식적인 자리에서 가볍게 이름을 물을 때는 你叫什么名字?를 씁니다. 제3자의 이름을 물을 때도 간단히 叫로 묻습니다.

● 다해 : Nǐ jiào shénme míngzi?　你叫什么名字?
이름이 뭐예요?

민호 : Wǒ jiào Lǐ Mǐnhào.　我叫李敏镐。
이민호입니다.

● 민호 : Tā jiào shénme?　她叫什么?
그녀는 이름이 뭐예요?

다해 : Tā jiào Xǐshàn.　她叫喜善。
희선이에요.

我姓李，
叫多海。

Tip

"실례지만", "저기요"
请은 '요구하다, 요청하다'의 뜻으로, 정중하게 부탁하는 느낌을 주기 위해 회화에서 많이 사용하는 동사입니다. 请问은 '말씀 좀 물을게요'라는 뜻으로 상대에게 말을 걸 때 자주 쓰입니다.

패턴회화 02

MP3 114

런스 닌 헌 까오싱
认识您很高兴。 당신을 알게 되어 기쁩니다.
Rènshi nín hěn gāoxìng.

저 스 워 더 밍피엔
这是我的名片。 이건 제 명함입니다.
Zhè shì wǒ de míngpiàn.

패턴회화 새단어

■ 认识 [rènshi] 동 알다
■ 高兴 [gāoxìng] 형 기쁘다, 즐겁다
■ 这 [zhè] 대 이(것)
■ 是 [shì] 동 ~이다
■ 的 [de] 조 ~의
■ 名片 [míngpiàn] 명 명함

보충 새단어

□ 那 [nà] 대 그(것)
□ 个 [gè] 양 ~개, ~명
□ 里 [lǐ] 접미 지시대명사 뒤에 붙어 장소를 나타냄 양 (거리 단위) 리
□ 儿 [er] 접미 명사 뒤에 습관적으로 붙음
□ 边 [biān] 접미 ~ 방향, ~쪽
□ 好吃 [hǎochī] 형 맛있다

지시대명사

손가락으로 가리키듯이 어떤 사물을 지칭하는 말들을 '지시대명사'라고 합니다.

이것(가까운 거리)	저것, 그것(먼 거리)
这(个) zhège 이것	那(个) nàge 저것, 그것
这里 zhèli | 这儿 zhèr 여기	那里 nàli | 那儿 nàr 저기, 거기
这边 zhèbian 이쪽	那边 nàbian 저쪽

- Nàge hěn hǎochī. 　　　　那个很好吃。
저게 맛있네요.

- Zhèr shì xuéxiào. 　　　　这儿是学校。
여기는 학교입니다.

是 구문

是는 판단을 나타내는 동사로 문장에서 '~은 …이다'라는 뜻으로 해석합니다.
이 是가 술어로 쓰인 문장을 '是 구문'이라고 합니다.

- Tā shì lǎoshī. 　　　　他是老师。
그는 선생님입니다.

- Tā shì Jīn Xǐshàn. 　　　　她是金喜善。
그녀는 김희선입니다.

这是我的名片。

Tip

儿화운(권설음화)
중국 북방어에서는 발음 끝을 'ㄹ' 발음으로 부드럽게 굴리는 경향이 있습니다. 가령 '저'보다 '절'이 한결 부드럽게 발음된다는 것인데, 숙달되기 전까지는 사실 거북하고 익숙지 않습니다. 하지만 지금은 이 '얼' 발음을 다른 지방에서도 많이 쓰므로 잘 익혀두시는 것이 좋습니다. 처음 베이징에 공부하러 가는 사람들은 이 '얼' 발음 때문에 고생깨나 하실 겁니다. 화이팅!
这儿 zhèr 여기 那儿 nàr 저기, 거기

MP3 115

저거 차이 하오츠 마
A 这个菜好吃吗? 이 음식 맛있나요?
　Zhège　cài　hǎochī　ma?

헌 하오츠
B 很好吃。 맛있어요.
　Hěn　hǎochī.

很과 의문문

형용사술어가 쓰인 긍정문에는 습관적으로 很이 따라붙지만, 일반적으로 의문문과 부정문에서는 很이 필요 없습니다.

패턴회화 새단어
- 个 [gè] 양 ~개, ~명
- 菜 [cài] 명 음식
- 好吃 [hǎochī] 형 맛있다

보충 새단어
- 可爱 [kě'ài] 형 귀엽다
- 辣 [là] 형 맵다
- 但是 [dànshì] 접 그런데, 그러나

- 민호 : **Tā kě'ài ma?** 　她可爱吗?
　　　　　　　　　　　　그녀는 귀엽나요?

　근석 : **Hěn kě'ài.** 　　　很可爱。
　　　　　　　　　　　　귀여워요.

- 다해 : **Nàge cài là bu là?** 　那个菜辣不辣?
　　　　　　　　　　　　　　저 음식은 맵나요?

　나라 : **Hěn là, dànshì hěn hǎochī.** 　很辣，但是很好吃。
　　　　　　　　　　　　　　　　　　　매운데, 아주 맛있어요.

她可爱吗?

很可爱。

Tip

n이 ng로 발음되는 경우
한어병음이 n으로 끝나는 음절 뒤에 g, k, h로 시작되는 음절이 올 때, 앞 음절의 n은 ng로 발음합니다. 하지만 발음만 그렇게 할 뿐, 한어병음이 바뀌지는 않습니다.
很好　hěn + hǎo　hěng hǎo
很高　hěn + gāo　hěng gāo

격음부호
'귀엽다'를 중국어로 표기하면 '可爱 kě'ài'입니다. 그런데 한어병음 중간에 작은 따옴표가 왜 있냐구요? 모음으로 끝나는 음절 뒤에 모음 a, o, e로 시작하는 음절이 오는데, 두 글자가 한 단어를 이룰 경우(kěài) 한어병음만 봐선 구분이 힘들겠지요? 그래서 음절과 음절 사이에 (')를 표기하여 음절을 구분해준 것입니다. 이처럼 음절 하나하나의 음을 분명히 격리시켜주는 부호를 '격음부호'라고 합니다.
Tiān'ānmén 天安门 천안문

MP3 116

완훼이 헌 따
A 晚会很大。　파티가 크네요.
　Wǎnhuì　hěn　dà.

따 스 따　커스 메이여우 이쓰
B 大是大，可是没有意思。　크긴 큰데 재미가 없어요.
　Dà shì dà,　kěshì méiyǒu yìsi.

📖 패턴회화 새단어

- 晚会 [wǎnhuì] 명 이브닝 파티
- 大 [dà] 형 크다
- 可是 [kěshì] 접 그런데, 그러나
- 有 [yǒu] 동 ~이 있다
- 没有 [méiyǒu] 동 ~이 없다
- 意思 [yìsi] 명 재미

"그건 그렇지만……"

아무리 친한 사이라도 반대 의견을 제시한다는 건 쉽지 않은 일입니다. 그래서 "그건 아니야!"라고 단정 짓기보다는 "그 말도 맞지만 (내 생각엔) 이런 면도 있어."라고 완곡하게 표현하는 것이 좋은 화법입니다.
상대의 의견에 일부 동의하면서 다른 의견을 제시하는 표현은 A是A, 可是~ 입니다.

- Dà shì dà, kěshì méiyǒu yìsi.　大是大，可是没有意思。
  크긴 큰데, 재미가 없어요.

- Hǎo shì hǎo, kěshì hěn guì.　好是好，可是很贵。
  좋긴 좋은데, 비싸요.

- Là shì là, dànshì hěn hǎochī.　辣是辣，但是很好吃。
  맵긴 매운데, 맛있어요.

저 안경 좋아 보인다!

好是好，
可是很贵。 **Tip**

"재미없어요" 혹은 "관심없어요"
'재미있다'를 有意思, '재미없다'를 没有意思라고 합니다. 그런데 사람에 대해 재미가 없다면? 그 사람에 대해 관심이 없다는 뜻이겠지요.
对你没有意思。 당신에게 관심 없다는 표현입니다.

이름 묻기, 您贵姓? MP3 17

A 칭원　닌 꿰이 싱
请问，您贵姓?
Qǐngwèn, nín guì xìng?

B 워 싱 진　쟈오 시산
我姓金，叫喜善。
Wǒ xìng Jīn, jiào Xǐshàn.

A 런스 닌 헌 까오씽　저 스 워 더 밍피엔
认识您很高兴，这是我的名片。
Rènshi nín hěn gāoxìng, zhè shì wǒ de míngpiàn.

B 워 이에 헌 까오싱
我也很高兴。
Wǒ yě hěn gāoxìng.

A 저거 차이 하오츠 마
这个菜好吃吗?
Zhège cài hǎochī ma?

B 헌 하오츠
很好吃。
Hěn hǎochī.

A 완훼이 헌 따
晚会很大。
Wǎnhuì hěn dà.

B 따 스 따　커스 메이여우 이쓰
大是大，可是没有意思。
Dà shì dà, kěshì méiyǒu yìsi.

A : 실례지만, 성함이 어떻게 되세요?

B : 성은 김이고, 이름은 희선이에요.

A : 알게 되어 반갑습니다. 제 명함이에요.

B : 저도 기쁩니다.

A : 이 음식 맛있나요?

B : 맛있어요.

A : 파티가 크네요.

B : 크긴 큰데 재미가 없어요.

이거 알아?

한류

한류 열풍, 한류 열풍, 많이들 들어보셨지요? 타이완에서 시작되어 중국 및 동남아시아로 퍼져간 우리 대중문화의 인기 현상, 韩流(Hánliú)를 일컫는 말입니다. 한류는 비단 특정 드라마의 경제적 수익이나 스타 배출의 차원을 넘어서, 우리 언어에 대한 호기심을 증폭시키고 의류나 생활 등 다양한 문화를 수출할 수 있기 때문에 매우 뜻깊은 일이라 할 수 있습니다.

예전에 주윤발이나 장국영 등의 홍콩 스타들을 연모하고 따르던 우리 청소년들의 모습과 흡사하게, 현재 한국의 노래, 영화, 패션 혹은 언어에 심취해 있는 중국의 젊은이들을 哈韩族(hāhánzú)라고 한답니다.

03 형용사술어문

동사가 술어로 쓰인 문장을 동사술어문이라고 한다면, 형용사가 술어로 쓰인 문장은 형용사술어문이라고 합니다.

긍정문   주어 + 很 + 형용사   (형용사 앞에 습관적으로 很이 붙는 경우가 많다.)

- 今天很冷。   Jīntiān hěn lěng. 오늘은 춥네요.
- 他很帅。   Tā hěn shuài. 그는 잘생겼어요.

부정문   주어 + 不 + 형용사   (부정문에서는 很이 필요 없다.)

- 今天不热。   Jīntiān bú rè. 오늘은 덥지 않네요.
- 汉语不难。   Hànyǔ bù nán. 중국어는 어렵지 않아.

의문문   주어 + 형용사 + 吗?   (의문문에서는 很이 필요 없다.)
         형용사 + 不 + 형용사?

- 房间大吗?   Fángjiān dà ma? 방이 큰가요?
- 水平高不高?   Shuǐpíng gāo bu gāo? 수준이 높아요?

04 명사를 꾸며주는 的

的는 수식어(명사, 동사, 형용사)와 명사 사이에 쓰여 '~의' 또는 '~한'의 뜻으로 해석됩니다.

- 他是很好的老师。   Tā shì hěn hǎo de lǎoshī. 그는 좋은 선생님입니다.
- 这是他的名片。   Zhè shì tā de míngpiàn. 이것은 그의 명함입니다.

今天 [jīntiān] 명 오늘 | 冷 [lěng] 형 춥다 | 帅 [shuài] 형 잘생기다 | 热 [rè] 형 덥다 | 汉语 [Hànyǔ] 명 중국어 | 难 [nán] 형 어렵다 | 房间 [fángjiān] 명 방 | 水平 [shuǐpíng] 명 수준 | 高 [gāo] 형 높다

01 맛을 표현하는 형용사를 사용해 문장을 완성해보세요.

❶ 케이크가	맛있어요.	➡	Dàngāo	hěn hǎochī.	蛋糕很_____。
❷ 녹차가	맛있네요.	➡	Lǜchá	hěn hǎohē.	绿茶很_____。
❸ 설탕은	달아요.	➡	Táng	hěn tián.	糖很_____。
❹ 소금은	짜요.	➡	Yán	hěn xián.	盐很_____。
❺ 커피가	써요.	➡	Kāfēi	hěn kǔ.	咖啡很_____。
❻ 김치가	맵네요.	➡	Pàocài	hěn là.	泡菜很_____。
❼ 국이	싱겁네요.	➡	Tāng	hěn dàn.	汤很_____。
❽ 버터가	느끼해요.	➡	Huángyóu	hěn yóunì.	黄油很_____。

02 다음 ( ) 안에 들어갈 수 있는 단어를 고르세요. 新HSK

| A 不 | B 来 | C 高 | D 没 | E 您 |

❶ 他明天不（　　）。

❷ 他帅（　　）帅？

❸ 昨天她（　　）来。

❹ 水平（　　）不高？

❺ 认识（　　）很高兴。

蛋糕 [dàngāo] 명 케이크 | 绿茶 [lǜchá] 명 녹차 | 好喝 [hǎohē] 형 (음료수가) 맛있다 | 糖 [táng] 명 설탕, 사탕 | 甜 [tián] 형 달다 | 盐 [yán] 명 소금 | 咸 [xián] 형 짜다 | 咖啡 [kāfēi] 명 커피 | 苦 [kǔ] 형 쓰다 | 泡菜 [pàocài] 명 김치 | 汤 [tāng] 명 국, 탕 | 淡 [dàn] 형 싱겁다 | 黄油 [huángyóu] 명 버터 | 油腻 [yóunì] 형 느끼하다 | 明天 [míngtiān] 명 내일 | 昨天 [zuótiān] 명 어제

PART 3

나이 묻기, 你多大?

你属什么？

我属羊。

MP3 119

칭원　　　니　진니엔　뚜어따
A 请问，你今年多大? 저기, 올해 나이가 어떻게 되세요?
Qǐngwèn,　nǐ　jīnnián　duō dà?

워　진니엔　　얼스빠　　쉐이
B 我今年二十八岁。 올해 스물여덟 살이에요.
Wǒ jīnnián èrshíbā suì.

패턴회화 새단어

- 今年 [jīnnián] 명 금년, 올해
- 多 [duō] 부 (형용사 앞에 붙어서) 얼마나 형 많다
- 二 [èr] 수 둘, 2
- 十 [shí] 수 십, 10
- 八 [bā] 수 여덟, 8
- 岁 [suì] 명 나이

보충 새단어

- 年纪 [niánjì] 명 나이, 연세
- 孩子 [háizi] 명 자녀
- 几 [jǐ] 수 몇
- 哪 [nǎ] 대 어느, 어떤
- 年 [nián] 명 해, 년
- 出生 [chūshēng] 동 태어나다

"몇 살인가요?"

나이를 묻는 일반적인 표현은 你多大? 입니다. 어른들의 연세는 您多大年纪? 로, 열 살 미만의 어린아이의 나이는 你今年几岁? 로 묻는 것이 좋습니다.

- Nín jīnnián duō dà (niánjì)?　　您今年多大(年纪)?
  올해 연세가 몇이세요?

- Nǐ de háizi jīnnián jǐ suì?　　你的孩子今年几岁?
  댁의 자녀가 올해 몇 살이죠?

1부터 10까지 숫자 세기

하나	둘	셋	넷	다섯
yī	èr	sān	sì	wǔ
一	二	三	四	五

여섯	일곱	여덟	아홉	열
liù	qī	bā	jiǔ	shí
六	七	八	九	十

你是哪年出生的?

请问……。

Tip

날짜 읽는 방법
연도는 숫자 하나하나씩 읽습니다.
二零零八年 èr líng líng bā nián 2008년　　二零一二年 èr líng yī èr nián 2012년
월과 일은 다음과 같이 읽습니다.
一月二十五号 yī yuè èrshí wǔ hào 1월 25일　　十二月六号 shí'èr yuè liù hào 12월 6일

패턴회화 02

MP3 120

니 수 선머
A 你属什么? 무슨 띠세요?
　Nǐ shǔ shénme?

워 수 이양
B 我属羊。 양띠입니다.
　Wǒ shǔ yáng.

📖 패턴회화 새단어

■ 属 [shǔ] 동 ~띠이다
■ 什么 [shénme] 대 무엇 무슨
■ 羊 [yáng] 명 양

"무슨 띠세요?"

중국도 우리나라처럼 십이간지에 따라 띠가 정해집니다. 중국 사람에게 나이 대신 띠를 물어보면 더 쉽게 친해질 수 있지 않을까요? 띠를 묻는 표현은 你属什么? 입니다.

zhū 猪 돼지
niú 牛 소
hǔ 虎 호랑이
gǒu 狗 개
tù 兔 토끼
jī 鸡 닭
Wǒ shǔ shǔ.
我 属 鼠。
저는 쥐띠예요.
lóng 龙 용
hóu 猴 원숭이
shé 蛇 뱀
yáng 羊 양
mǎ 马 말

你属什么?

我属兔。

Tip

3성의 발음 변화 (성조 표기는 변화하지 않고, 발음의 변화만 보여준 것이니 참고하세요.)

3성 뒤에 3성이 오면 앞 3성은 2성으로 발음합니다. 3성이 3개 연달아 오면 마지막만 3성으로 읽습니다.

你好 Nǐ hǎo ➡ Ní hǎo　　　　　我属鼠 Wǒ shǔ shǔ ➡ Wó shú shǔ

3성 뒤에 3성 외의 성조가 오면 반3성이 됩니다.(3성의 전반부만 발음하고 후반부를 생략, 짧게 발음하는 느낌)

好书 hǎo shū ➡ hào shū　　　　　好人 hǎo rén ➡ hào rén
　　　　　　　└ 주의! 4성이 아닙니다.

니 스 나 꾸어 런
A 你是哪国人? 어느 나라 사람인가요?
Nǐ shì nǎ guó rén?

워 스 한꾸어런
B 我是韩国人。 저는 한국인입니다.
Wǒ shì Hánguórén.

패턴회화 03

🔘 MP3 121

⊙ **"어느 나라 사람인가요?"**

📖 **패턴회화 새단어**

- **哪** [nǎ] 대 어느, 어떤
- **国** [guó] 명 나라
- **人** [rén] 명 사람
- **哪国人** [nǎ guó rén] 어느 나라 사람
- **韩国** [Hánguó] 고 한국
- **韩国人** [Hánguórén] 고 한국 사람

외국에 나가보면 불현듯 우리나라의 소중함을 알게 됩니다. 외국인의 눈에는 내가 '아무개'이기 이전에 '한국인'으로 인식되기 때문입니다. 이번에는 나라, 국적을 표현해봅니다.

> **Nǐ shì nǎ guó rén?**
> 你 是 哪 国 人?
> 당신은 어느 나라 사람인가요?

Yìdàlìrén
意大利人
이탈리아 사람

Zhōngguórén
中国人
중국 사람

> **Wǒ shì Hánguórén.**
> 我 是 韩 国 人。
> 저는 한국인입니다.

Déguórén
德国人
독일 사람

Rìběnrén
日本人
일본 사람

Fǎguórén
法国人
프랑스 사람

Jiānádàrén
加拿大人
캐나다 사람

Měiguórén
美国人
미국 사람

我是美国人。

你是哪国人?

A 他是谁? 그는 누구인가요?
　Tā　shì　shéi?

B 他是我朋友。 제 친구입니다.
　Tā　shì　wǒ　péngyou.

의문사의문문

'누구', '어떤', '무엇' 등과 같이 질문을 포함하고 있는 말을 의문사라고 합니다.
의문사를 사용하면 자동적으로 의문문이 되므로 일반적으로 吗를 붙이지 않습니다.

📖 패턴회화 새단어
■ 谁 [shéi] 대 누구
■ 朋友 [péngyou] 명 친구

✎ 보충 새단어
□ 礼物 [lǐwù] 명 선물
□ 生日 [shēngrì] 명 생일

누구	谁 shéi
무엇 / 어느 것	什么 shénme / 哪(个) nǎ(ge)
어디 / 어느 곳	哪儿 nǎr / 哪里 nǎli
왜	为什么 wèishénme
어떻게 / 어떠한	怎么 zěnme / 怎么样 zěnmeyàng
몇 / 얼마	几 jǐ / 多少 duōshao
언제	什么时候 shénme shíhou / 哪天 nǎ tiān

● A : Zhè shì shénme?　　　　　　　这是什么?
　　　　　　　　　　　　　　　　　이게 뭐예요?

　B : Zhè shì nǐ de lǐwù.　　　　　这是你的礼物。
　　　　　　　　　　　　　　　　　이건 당신 선물이에요.

　A : Shénme lǐwù?　　　　　　　　什么礼物?
　　　　　　　　　　　　　　　　　무슨 선물이요?

　B : Míngtiān shì bu shì nǐ de shēngrì?　明天是不是你的生日?
　　　　　　　　　　　　　　　　　　내일 당신 생일 아닌가요?

这是你的礼物。

这是什么?

第三课 나이 묻기, 你多大?

칭원　　　니　진니엔　뚜어 따
A 请问，你今年多大?
Qǐngwèn, nǐ jīnnián duō dà?

워　진니엔　얼스빠　쒜이
B 我今年二十八岁。
Wǒ jīnnián èrshíbā suì.

니　수　선머
A 你属什么?
Nǐ shǔ shénme?

워　수　이앙
B 我属羊。
Wǒ shǔ yáng.

니　스　나 꾸어 런
A 你是哪国人?
Nǐ shì nǎ guó rén?

워　스　한꾸어런
B 我是韩国人。
Wǒ shì Hánguórén.

타　스 쒜이
A 他是谁?
Tā shì shéi?

타　스　워　펑여우
B 他是我朋友。
Tā shì wǒ péngyou.

A : 저기, 올해 나이가 어떻게 되세요?

B : 올해 스물여덟 살이에요.

A : 무슨 띠세요?

B : 양띠입니다.

A : 어느 나라 사람인가요?

B : 한국인입니다.

A : 그는 누구인가요?

B : 제 친구입니다.

이거 알아?

행운의 7? 돈 벌어주는 8!

서양에서는 7을 행운의 숫자로 여긴다면, 중국 사람들은 8을 아주 좋아합니다. 8의 발음 '빠'가 '떼돈을 벌다 发财(fācái)'의 发와 발음이 비슷하다 해서 대단히 선호하지요. 광동 지역에서 시작되었던 이런 관념이 이젠 중국 전체에 퍼져 있습니다. 그래서 차량 번호판을 경매할 때(중국은 번호판을 경매로 판매합니다)도 다음 숫자가 있는 번호판의 경매가는 그야말로 부르는 게 값이랍니다.

518 wǔ yāo bā　➡　wǒ yào fā　我要发　(나 부자 될 거예요)

168 yī liù bā　➡　yí lù fā　一路发　(앞으로 계속 버세요)

888 bā bā bā　➡　fā fā fā　发发发　(벌어, 벌어, 벌어)

05 판단동사 是

'~은 …이다'로 해석되는 동사는 수학의 등식(=)과 같이 주어와 목적어가 동일한 관계임을 나타냅니다. 따라서 부정의 형태 不是는 주어와 목적어의 불일치를 의미하는 부등식의 관계가 되겠지요.

긍정문　　주어 + 是 + 목적어

- 这是主食。　　　　　Zhè shì zhǔshí.　이것은 주식입니다.
- 那是点心。　　　　　Nà shì diǎnxin.　저것은 디저트입니다.

부정문　　주어 + 不是 + 목적어

- 这不是主食。　　　　Zhè bú shì zhǔshí.　이것은 주식이 아닙니다.
- 那不是点心。　　　　Nà bú shì diǎnxin.　저것은 디저트가 아닙니다.

의문문　　주어 + (不)是 + 목적어 + 吗?
　　　　　　주어 + 是不是 + 목적어?

- 这是汉堡包吗?　　　Zhè shì hànbǎobāo ma?　이것은 햄버거입니까?
- 是，这是汉堡包。　　Shì, zhè shì hànbǎobāo.　네, 이것은 햄버거입니다.

- 这是不是可乐?　　　Zhè shì bu shì kělè?　이건 콜라인가요?
- 不是，这是汽水。　　Bú shì, zhè shì qìshuǐ.　아니요, 사이다입니다.

※ '주어 + 是 + 목적어 + 不是?'로 물어도 의문문이 되는데, 이 경우는 확신을 가지고 상의하는 말투로 묻는 '반문의문문'에 해당합니다.

- 他是日本人不是?　Tā shì Rìběnrén bú shì?　　　　그는 일본 사람이죠?(맞죠?)
- 这是我的蛋糕不是?　Zhè shì wǒ de dàngāo bú shì?　내 케이크 맞죠?

主食 [zhǔshí] 몡 주식 | 点心 [diǎnxin] 몡 간식, 디저트 | 汉堡包 [hànbǎobāo] 몡 햄버거 | 可乐 [kělè] 몡 콜라 |
汽水 [qìshuǐ] 몡 사이다

01 다음 문장을 큰소리로 읽어보고, 빈칸을 채우세요.

1 이것은 | 피자입니다. | ➡ | Zhè shì | bǐsàbǐng. | 这是 _____。

2 이것은 | 핫도그입니다. | ➡ | Zhè shì | règǒu. | 这是 _____。

3 이것은 | 초콜릿입니다. | ➡ | Zhè shì | qiǎokèlì. | 这是 _____。

4 이것은 | 우유입니다. | ➡ | Zhè shì | niúnǎi. | 这是 _____。

5 나는 | KFC | 에 갑니다. | ➡ | Wǒ qù_____. | 我去 | 肯得基。

6 나는 | 맥도날드 | 에 갑니다. | ➡ | Wǒ qù_____. | 我去 | 麦当劳。

7 나는 | 피자헛 | 에 갑니다. | ➡ | Wǒ qù_____. | 我去 | 必胜客。

8 나는 | 스타벅스 | 에 갑니다. | ➡ | Wǒ qù_____. | 我去 | 星巴克。

02 다음 ( ) 안에 들어갈 수 있는 단어를 고르세요. 新HSK

A 是　　　B 没　　　C 哪　　　D 去　　　E 不

1 昨天我（ 　　 ）吃晚饭。

2 我（ 　　 ）是加拿大人。

3 为什么你（ 　　 ）必胜客？

4 这（ 　　 ）主食。

5 你是（ 　　 ）国人？

比萨饼 [bǐsàbǐng] 명 피자 | 热狗 [règǒu] 명 핫도그 | 巧克力 [qiǎokèlì] 명 초콜릿 | 牛奶 [niúnǎi] 명 우유 | 肯得基 [Kěndéjī] 고 KFC | 麦当劳 [Màidāngláo] 고 맥도날드 | 必胜客 [Bìshèngkè] 고 피자헛 | 星巴克 [Xīngbākè] 고 스타벅스

PART 4

직업 묻기, 做什么工作?

패턴회화 01

🔘 MP3 125

A 你家有几口人? 가족이 어떻게 되세요?
　니　쟈　여우　지　커우　런
　Nǐ　jiā　yǒu　jǐ　kǒu　rén?

B 三口人。爸爸、妈妈和我。 세 명이에요. 아빠, 엄마와 저예요.
　싼　커우　런　　　빠바　　　마마　허　워
　Sān　kǒu　rén.　Bàba、　māma　hé　wǒ.

几와 多少

📖 **패턴회화 새단어**

- 家 [jiā] 명 집
- 几 [jǐ] 수 몇
- 口 [kǒu] 양 (식구 수를 세는 단위) 명
- 三 [sān] 수 셋, 3
- 爸爸 [bàba] 명 아버지
- 妈妈 [māma] 명 어머니
- 和 [hé] 접 ~와

✏️ **보충 새단어**

- 班 [bān] 명 반, 학급
- 多少 [duōshao] 대 얼마, 몇
- 学生 [xuésheng] 명 학생

수량의 많고 적음을 물을 때는 几나 多少를 쓰는데, 쓰임새가 약간 다릅니다. 几는 10 미만의 수를 세는 데 쓰이며, 반드시 양사가 필요합니다.

- **Nǐ yǒu jǐ ge háizi?　你有几个孩子?**

  자녀가 몇 명이세요?
  (사람을 셀 때는 个를 쓰는데, 식구 수를 물을 때만 口를 씁니다.)

多少는 보통 10보다 큰 수를 세는 데 쓰이며, 양사가 없어도 무방합니다.

- **Nǐmen bān yǒu duōshao xuésheng?　你们班有多少学生?**

  너희 반에는 학생이 몇 명이니?

"가족이 어떻게 되세요?"

你家有几口人。

四口人。

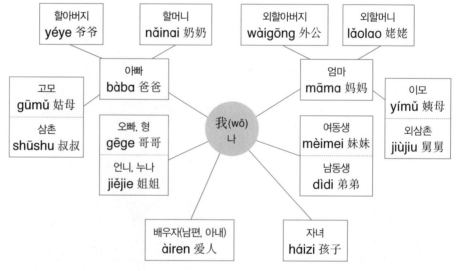

| 할아버지 yéye 爷爷 | 할머니 nǎinai 奶奶 | | 외할아버지 wàigōng 外公 | 외할머니 lǎolao 姥姥 |

| 고모 gūmǔ 姑母 | 아빠 bàba 爸爸 | | 엄마 māma 妈妈 | 이모 yímǔ 姨母 |

삼촌 shūshu 叔叔

오빠, 형 gēge 哥哥

我(wǒ) 나

여동생 mèimei 妹妹

외삼촌 jiùjiu 舅舅

언니, 누나 jiějie 姐姐

남동생 dìdi 弟弟

배우자(남편, 아내) àiren 爱人

자녀 háizi 孩子

패턴회화 02

🔵 MP3 126

니 빠바 쭈어 선머 꽁쭈어
A 你爸爸做什么工作? 아버님이 무슨 일을 하시나요?
Nǐ bàba zuò shénme gōngzuò?

타 스 꽁쓰 즈위앤
B 他是公司职员。 회사원입니다.
Tā shì gōngsī zhíyuán.

"무슨 일 하세요?"

做什么工作?는 직업을 묻는 말입니다.

📖 패턴회화 새단어

- 做 [zuò] 동 ~하다
- 工作 [gōngzuò] 명 일
- 公司 [gōngsī] 명 회사
- 职员 [zhíyuán] 명 회사원

✏️ 보충 새단어

- 演员 [yǎnyuán] 명 배우
- 在 [zài] 전 ~에서 동 ~에 있다
  부 (진행) ~하는 중이다
- 大学 [dàxué] 명 대학
- 干 [gàn] 동 ~하다
- 喝 [hē] 동 마시다

- 다해 : **Nǐ zuò shénme gōngzuò?**   你做什么工作?
  무슨 일을 하시나요?

- 민호 : **Wǒ shì yǎnyuán.**   我是演员。
  저는 배우입니다.

- 왕선생 : **Nǐ zài nǎr gōngzuò?**   你在哪儿工作?
  어디에서 근무하시나요?

- 김선생 : **Wǒ zài dàxué gōngzuò.**   我在大学工作。
  대학에서 근무합니다.

我是演员。

Tip

장래 희망 말하기

자신이 되고 싶은 모습, 하고 싶은 일을 구체적으로 정해두고 자주 큰소리로 말해보는 것이 좋다고 합니다.
想(xiǎng, ~하고 싶다)과 当(dāng, ~이 되고 싶다)를 이용해서 중국어로 말해봅시다. "我想当……!"

난 의사 大夫 dàifu가 될 거예요.   난 유명스타 明星 míngxīng가 될 거예요.
난 디자이너 设计师 shèjìshī가 될래요.   저는 기자 记者 jìzhě가 되고 싶습니다.
변호사 律师 lǜshī가 꿈입니다.   사장님 老板 lǎobǎn이 될 거예요.

MP3 127

A 下午你在家吗?　오후에 집에 있나요?
　　Xiàwǔ nǐ zài jiā ma?
　　샤우 니 짜이 쟈 마

B 不在，我去图书馆。　아니요, 도서관에 가거든요.
　　Bú zài, wǒ qù túshūguǎn.
　　부 짜이 워 취 투수꾸안

"어디에 있어요?"

 패턴회화 새단어

■ 下午 [xiàwǔ] 명 오후
■ 在 [zài] 동 ~에 있다
■ 图书馆 [túshūguǎn] 명 도서관

보충 새단어

□ 超市 [chāoshì] 명 슈퍼마켓
□ 现在 [xiànzài] 명 현재, 지금
□ 教室 [jiàoshì] 명 교실
□ 王 [Wáng] 명 (성씨) 왕씨
□ 先生 [xiānsheng] 명 성인 남
　자에게 붙이는 호칭

상대방이 있는 장소를 물을 때 在 동사를 씁니다. "어디야?" "집이야." 이렇게 간단히 위치를 알려줄 수 있지요.

● 나라 : Nǐ zài nǎr?　　　　你在哪儿?
　　　　　　　　　　　　　어디에 있어요?

　근석 : Wǒ zài chāoshì.　我在超市。
　　　　　　　　　　　　　슈퍼마켓에 있어요.

● 나라 : Xiànzài nǐ zài jiā ma?　现在你在家吗?
　　　　　　　　　　　　　　지금 집에 계세요?

　근석 : Bú zài, wǒ zài jiàoshìli.　不在，我在教室里。
　　　　　　　　　　　　　　　아니요, 교실에 있어요.

● 나라 : Wáng xiānsheng zài ma?　王先生在吗?
　　　　　　　　　　　　　　　왕선생님 계신가요?

　근석 : Bú zài.　　　　　　不在。
　　　　　　　　　　　　　안 계세요.

你在哪儿?

 Tip

같은 발음이 연이어 오는 경우

① 2성이 연이어 올 때, 뒤 2성이 더 높아집니다.

学习 xuéxí → 职员 zhíyuán

② 4성이 연이어 올 때, 앞 4성은 반4성이 됩니다.

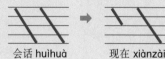

会话 huìhuà → 现在 xiànzài

MP3 128

A 你有女朋友吗? 여자친구가 있나요?
  니 여우 뉘펑여우 마
  Nǐ yǒu nǚpéngyou mɑ?

B 没有。 없어요.
  메이여우
  Méiyǒu.

"무엇이 있나요?"

패턴회화 새단어

■ **女朋友** [nǚpéngyou] 명 여자친구

✎ 보충 새단어

□ **书包** [shūbāo] 명 책가방
□ **课本** [kèběn] 명 교과서
□ **圆珠笔** [yuánzhūbǐ] 명 볼펜
□ **只** [zhǐ] 부 오직
□ **盒饭** [héfàn] 명 도시락

有 동사는 무언가를 가지고 있음을 나타내기 때문에 소유동사라고 합니다. 不가 아닌 没로만 부정한다는 것이 중요한 특징이지요.
그런데 만약 장소나 시간이 주어가 되면 '그 장소나 시간이 ~를 가지고 있다' 즉 '그 장소나 시간에 존재한다.'로 在와 같은 의미가 됩니다.

● 현정 : Nǐ yǒu shūbāo ma?   你有书包吗?
                                  책가방이 있니?

  태현 : Méiyǒu.   没有。
                                  없어요.

  현정 : Nà nǐ yǒu kèběn ma?   那你有课本吗?
                                  그럼 교과서는 있니?

  태현 : Méiyǒu.   没有。
                                  없어요.

  현정 : Nà nǐ yǒu yuánzhūbǐ ma? 那你有圆珠笔吗?
                                  그럼 볼펜은 있니?

  태현 : Méiyǒu.   没有。
                                  없는데요.

  현정 : Nà nǐ yǒu shénme?   那你有什么?
                                  그럼 뭐가 있는데?

  태현 : Wǒ zhǐ yǒu héfàn.   我只有盒饭。
                                  도시락만 있는데요.

你有女朋友吗?

직업 물기, 做什么工作?

A
니 쟈 여우 지 커우 런
你家有几口人?
Nǐ jiā yǒu jǐ kǒu rén?

B
싼 커우 런   빠바   마마 허 워
三口人。爸爸、妈妈和我。
Sān kǒu rén.   Bàba、   māma   hé wǒ.

A
니 빠바 쭈어 선머 꽁쭈어
你爸爸做什么工作?
Nǐ bàba zuò shénme gōngzuò?

B
타 스 꽁쓰 즈위앤
他是公司职员。
Tā shì gōngsī zhíyuán.

A
샤우 니 짜이 쟈 마
下午你在家吗?
Xiàwǔ nǐ zài jiā ma?

B
부 짜이   워 취 투수꾸안
不在，我去图书馆。
Bú zài,   wǒ qù túshūguǎn.

A
니 여우 뉘펑여우 마
你有女朋友吗?
Nǐ yǒu nǚpéngyou ma?

B
메이여우
没有。
Méiyǒu.

A : 가족이 어떻게 되세요?

B : 세 명이에요. 아빠, 엄마 그리고 저예요.

A : 아버님이 무슨 일을 하시나요?

B : 회사원입니다.

A : 오후에 집에 있나요?

B : 아니요, 도서관에 가요.

A : 여자친구가 있나요?

B : 없어요.

이거 알아?

부자 되세요!

중국 사람을 만나면 종종 월급이 얼마나 되느냐, 많이 벌어서 좋겠다 등등 우리나라에선 꺼려하는 질문을 받곤 합니다. 돈과 부에 대한 열망을 감추지 않고 솔직하게 표현하고 추구하는 성향 때문일 겁니다. 恭喜发财!(Gōngxǐ fācái! 부자 되세요, 돈 많이 버세요)라는 덕담이 자연스러운 이유이기도 하지요.

그래서인지 중국의 대학생들은 좋은 직장을 구하기 위해 정말 열심히 공부합니다. 3학년 때까지 학점을 다 따놓고 4학년 때는 계속 구직활동을 한다고 하니, 우리와 비슷하지요? 일은 고되지만 월급이 높고 발전의 기회가 많은 외국계 다국적 기업(外企 wàiqǐ)을 선호한다고 하는데, 우리나라의 삼성이나 LG에서 취업설명회를 하는 날엔 새벽부터 학생들로 꽉꽉 들어찬답니다.

첫걸음 문법

06 '있다'의 동사 在와 有

'~에 있다'처럼 존재를 표시할 수 있는 동사는 在와 有가 있습니다. 쓰임새에 미묘한 차이가 있으니 주의해서 알아두세요.

1 인물, 사물 + 在 + 특정한 장소

- 杂志在那边。 Zázhì zài nàbian. 잡지가 저쪽에 있다.

- 你的书在桌子上。 Nǐ de shū zài zhuōzi shàng. 네 책은 탁자 위에 있어.

2 장소, 시간 + 有 + 불특정한 인물, 사물

- 桌子上有一本书。 Zhuōzi shàng yǒu yì běn shū. 탁자 위에 책이 한 권 있다.

첫걸음 문법

07 양사

우리말에서도 말은 '마리', 옷은 '벌', 집은 '채'로 세듯이, 중국어에서도 사물의 성질이나 형상에 따라 여러 가지 양사를 사용합니다.
특히, 사물의 수를 셀 때는 숫자 뒤에 반드시 단위가 되는 양사가 와야 합니다.

- 一件衣服 yí jiàn yīfu 한 벌
- 两位老师 liǎng wèi lǎoshī 선생님 두 분
- 三口人 sān kǒu rén 가족 세 명
- 四条裤子 sì tiáo kùzi 바지 네 벌
- 五双鞋子 wǔ shuāng xiézi 신발 다섯 켤레
- 六本书 liù běn shū 책 여섯 권
- 七支笔 qī zhī bǐ 펜 일곱 개
- 八家商店 bā jiā shāngdiàn 상점 여덟 곳
- 九部电影 jiǔ bù diànyǐng 영화 아홉 편
- 十匹马 shí pǐ mǎ 말 열 마리

※ '5개월'을 표현할 때는 五个月로 단위명사를 쓰는데, '3년'은 그냥 三年입니다. 즉, 年은 양사를 사용하지 않습니다.
一年 (○)　　一个年 (×)

杂志 [zázhì] 명 잡지 | 书 [shū] 명 책 | 桌子 [zhuōzi] 명 탁자 | 上 [shàng] 명 위 | 本 [běn] 양 권 | 件 [jiàn] 양 벌 |
衣服 [yīfu] 명 옷 | 位 [wèi] 양 분 | 条 [tiáo] 양 벌 | 裤子 [kùzi] 명 바지 | 双 [shuāng] 양 켤레 | 鞋子 [xiézi] 명 신발 |
商店 [shāngdiàn] 명 가게 | 部 [bù] 양 편 | 电影 [diànyǐng] 명 영화 | 匹 [pǐ] 양 마리 | 月 [yuè] 명 달

01 在와 有 중에서 알맞은 동사를 골라 빈칸에 써넣으세요.

1 교재는 가방 안에 있어요.   Kèběn＿＿Shūbāoli.   课本＿＿书包里。

2 침대는 방 안에 있어요.   Chuáng＿＿fángjiānli.   床＿＿房间里。

3 상점 안에 내 친구가 있어요. Shāngdiànli＿＿wǒ péngyou. 商店里＿＿我朋友。

4 냉장고 안에 콜라가 있어요. Bīngxiāngli＿＿yì píng kělè. 冰箱里＿＿一瓶可乐。

5 과일은 냉장고 안에 있어요. Shuǐguǒ＿＿bīngxiāngli.   水果＿＿冰箱里。

6 집 안에 컴퓨터가 있어요.   Jiāli＿＿diànnǎo.   家里＿＿电脑。

7 종업원은 식당 안에 있어요. Fúwùyuán＿＿cāntīngli.   服务员＿＿餐厅里。

8 책가방 안에 펜이 있어요.   Shūbāoli＿＿yì zhī bǐ.   书包里＿＿一只笔。

02 다음 ( ) 안에 들어갈 수 있는 단어를 고르세요. 新HSK

A 几	B 在	C 做	D 多少	E 有

1 你家有（   ）口人？

2 你们班有（   ）学生？

3 你（   ）什么工作？

4 你（   ）哪儿工作？

5 你（   ）铅笔吗？

床 [chuáng] 명 침대 | 冰箱 [bīngxiāng] 명 냉장고 | 瓶 [píng] 명.양 병 | 水果 [shuǐguǒ] 명 과일 | 电脑 [diànnǎo] 명
컴퓨터 | 服务员 [fúwùyuán] 명 종업원 | 餐厅 [cāntīng] 명 식당 | 袜子 [wàzi] 명 양말

星期六看电影，
怎么样?

好吧。

PART 5

시간 묻기, 几点?

포인트

- "지금 몇 시예요?"
- 가벼운 제안이나 동의
- "오늘 며칠이죠?"
- 才와 就
- "무슨 요일이죠?"

첫걸음
문 법

08 명사술어문
09 날짜, 시간 관련 용어

패턴회화 01

MP3 131

씨엔짜이 지 띠엔   중
A 现在几点（钟）? 지금 몇 시예요?
　　Xiànzài jǐ diǎn (zhōng)?

셴짜이 이 디엔 스 펀
B 现在一点十分。 지금 1시 10분이에요.
　　Xiànzài yī diǎn shí fēn.

"지금 몇 시예요?"

바빠 죽겠다, 시간에 쫓긴다는 말, 많이들 하시죠? 그런데 가만히 생각해보면 다 핑계라는 것도 아시나요? 시간을 쪼개서 매일 조금씩 중국어 공부를 해나가는 여러분들처럼, 시간을 운영해가는 현명함이 필요합니다.

시, 분, 초는 각각 点(钟), 分(钟), 秒라고 합니다. 시간을 말할 때 마지막 단위는 거의 생략해서 말합니다.

패턴회화 새단어

- 现在 [xiànzài] 명 지금, 현재
- 点(钟) [diǎn(zhōng)] 양 시, 시각
- 一 [yī] 수 1, 하나
- 分 [fēn] 양 분

보충 새단어

- 秒 [miǎo] 양 초
- 过 [guò] 동 ~를 지나다
- 两 [liǎng] 수 2, 둘
- 差 [chà] 동 ~에 못 미치다
- 左右 [zuǒyòu] 명 안팎, 가량, 내외
- 刻 [kè] 양 15분
- 半 [bàn] 수 1/2, 절반

• Jǐ diǎn?	几点? 몇 시인가요?
- Yī diǎn èrshí fēn shí miǎo.	一点二十分十秒。 1시 20분 10초입니다.
- Liǎng diǎn guò shí fēn.	两点过十分。 2시 10분입니다.
- Chà wǔ fēn qī diǎn.	差五分七点。 7시 5분 전입니다.
- Shí'èr diǎn zuǒyòu.	十二点左右。 12시쯤 됐어요.
- Sān diǎn sān kè.	三点三刻。 3시 45분입니다.
- Jiǔ diǎn bàn.	九点半。 9시 반입니다.

一点二十分十秒。

几点?

Tip

一의 성조 변화

不처럼 뒤에 오는 글자의 성조에 따라 성조가 변하는 게 하나 더 있는데, 바로 숫자 1을 나타내는 一입니다. 一는 원래 1성이지만 4성 앞에서는 2성으로 발음합니다. (4성이 경성으로 바뀌어도 그 원래의 성조를 인정하여 一는 2성으로 발음합니다.)

yí ge 一个 1개　　Kàn yíxià. 看一下。 봅시다.

1성, 2성, 3성 앞에서는 4성으로 발음하며, 단음절 동사 사이에 쓰여 동사의 중첩형이 될 때는 경성으로 발음합니다.

yìxīn 一心 일심　　yìzhí 一直 계속, 줄곧　　yì diǎn 一点 1시　　kàn yi kàn. 看一看。 보세요.

패턴회화 02

MP3 132

A 량 디엔 취 투수꾸안 하오 마
两点去图书馆，好吗? 2시에 도서관 가는 거 어때요?
Liǎng diǎn qù túshūguǎn, hǎo ma?

B 하오 바
好吧。 좋아요.
Hǎo ba.

📖 **패턴회화 새단어**
- 吧 [ba] 조 동의, 제안의 어기조사

✏️ **보충 새단어**
- 对 [duì] 형 옳다, 정확하다
- 可以 [kěyǐ] 형 괜찮다, 좋다 조 동 가능하다, ~해도 좋다
- 好听 [hǎotīng] 형 듣기 좋다
- 歌手 [gēshǒu] 명 가수
- 明星 [míngxīng] 명 인기 스타
- 签名 [qiānmíng] 명, 동 서명(하 다), 사인(하다)
- 真 [zhēn] 부 정말로
- 王子 [wángzǐ] 명 왕자
- 公主 [gōngzhǔ] 명 공주

🔵 **가벼운 제안이나 동의**

부드럽게 동의를 구하려면 문장 끝에 好吗? 혹은 好不好?를 붙입니다.

- **Hǎo ma?** 好吗? = **Hǎo bu hǎo?** 好不好? 좋습니까? 어떨까요?

- **Shì ma?** 是吗? = **Shì bu shì?** 是不是? 그런가요? 그렇지요?

- **Duì ma?** 对吗? = **Duì bu duì?** 对不对? 맞지요?

- **Kěyǐ ma?** 可以吗? = **Kě bu kěyǐ?** 可不可以? 괜찮으세요?

- 王子 : **Hěn hǎo tīng. Nǐ shì gēshǒu, shì bu shì?**
  很好听。你是歌手，是不是? 정말 듣기 좋네요. 당신, 가수죠?

- 公主 : **Shì de.** 是的。 네, 그래요.

- 王子 : **Nǐ shì míngxīng, duì bu duì?**
  你是明星，对不对? 당신은 인기 스타인가요?

- 公主 : **Duì. Wǒ gěi nǐ qiānmíng, hǎo bu hǎo?**
  对。我给你签名，好不好? 맞아요. 내가 사인해줄게요, 좋지요?

- 王子 : **Hǎo ba. (Tā zhēn shì gōngzhǔ!)**
  好吧。(她真是公主!) 그럼요. (이 여자 진짜 공주구나!)

对。我给你签名, 好不好?

你是明星, 对不对?

Tip

二과 两의 차이
二과 两은 둘 다 숫자 2를 나타냅니다. '1, 2, 3' 하고 수를 셀 때나 순서를 나타낼 때는 '二'을 쓰지만 뒤에 양사나 단위 가 붙을 때는 '两'을 씁니다.
양사나 양사에 준하는 단어가 올 때 **两本书，两天**
백 천 만 등의 단위가 올 때 **两千，两百**
도량형 단위가 올 때 **两公斤，两公里**

A 진티엔　지　하오
今天几号? 오늘 며칠이죠?
Jīntiān jǐ hào?

B 진티엔　치　위에　싼　하오
今天七月三号。 오늘은 7월 3일이에요.
Jīntiān qī yuè sān hào.

📖 패턴회화 새단어
- 今天 [jīntiān] 명 오늘
- 号 [hào] 명 날짜, 일(日)
- 七 [qī] 수 7, 일곱
- 月 [yuè] 명 달, 월(月)

✏️ 보충 새단어
- 日 [rì] 명 날짜, 일(日)
- 前天 [qiántiān] 명 그제
- 零 [líng] 수 0, 영
- 星期三 [xīngqīsān] 명 수요일
- 上午 [shàngwǔ] 명 오전

"오늘 며칠이죠?"

날짜를 말하는 순서는 중국어와 우리말이 똑같습니다. 큰 단위부터 작은 단위로 읽어가면 됩니다. 년, 월, 일은 年, 月, 日를 쓰고 구어에서는 日 대신 号를 많이 씁니다.

- 민호 : Nǐ de shēngrì jǐ yuè jǐ hào? 你的生日几月几号?
  생일이 몇 월 며칠이에요?

  다해 : Èr yuè èrshíjiǔ hào. 二月二十九号。
  2월 29일입니다.

- 나라 : Qiántiān shì bu shì wǔ hào? 前天是不是五号?
  그제가 5일이었나요?

  근석 : Qiántiān bú shì wǔ hào, shì sān hào. 前天不是五号，是三号。
  그제는 5일이 아니고, 3일이었어요.

- èr líng yī èr nián yī yuè 二零一二年一月
  shíbā hào xīngqīsān shàngwǔ 十八号星期三上午
  shíyī diǎn bàn 十一点半。
  2012년 1월 18일 수요일 오전 11시 30분

前天不是五号, 是三号。

前天是不是五号?

 Tip

"콩 있어요?"
'비어 있는, 여백의'라는 뜻을 가진 글자는 空(kòng)입니다. 그래서 "시간 좀 있으세요?" "잠깐 여유 좀 있을까?" 하고 물을 때는 你有空吗? 라고 합니다. 시간이라는 말을 써서 你有时间吗? 라고도 합니다.

패턴회화 04

MP3 134

A 明天才是星期五。 내일에야 금요일이에요.
밍티엔 차이 스 싱치우
Míngtiān cái shì xīngqīwǔ.

B 星期六看电影，怎么样？ 토요일에 영화 보는 거 어때요?
싱치리우 칸 띠엔잉 쩐머양
Xīngqīliù kàn diànyǐng, zěnmeyàng?

才와 就

📖 **패턴회화 새단어**

- 明天 [míngtiān] 명 내일
- 才 [cái] 부 비로소, 그제서야
- 星期五 [xīngqīwǔ] 명 금요일
- 星期六 [xīngqīliù] 명 토요일
- 看 [kàn] 동 ~(을)를 보다
- 电影 [diànyǐng] 명 영화
- 怎么样 [zěnmeyàng] 부
  ~ 어때요?

✏️ **보충 새단어**

- 就 [jiù] 부 곧. ~하자마자
- 周末 [zhōumò] 명 주말
- 放假 [fàngjià] 동 방학하다
- 以后 [yǐhòu] 명 이후
- 回国 [huíguó] 동 귀국하다

才는 '~에 이르러서야, 그제서야'라는 뜻으로, 늦은 시간의 느낌을 주는 부사입니다. 才와 늘 비교되는 것이 就입니다. 就는 '~하자마자, 곧'이라는 뜻으로, 빠른 시간의 느낌을 줍니다.

- Míngtiān cái shì zhōumò. 明天才是周末。
  내일에야 (기다리던) 주말이로구나.

- Fàngjià yǐhòu, tā jiù huíguó. 放假以后，他就回国。
  방학하자마자, 그는 귀국할 것이다.

"무슨 요일이죠?"

가끔 오늘이 무슨 요일인지 생각이 안 날 때가 있지요? 요일을 물을 때는 星期几?라고 합니다.

- 근석 : Jīntiān xīngqī jǐ? 今天星期几?
  오늘 무슨 요일이지?

- 나라 : Jīntiān xīngqīliù. 今天星期六。
  오늘 토요일이야.

今天星期几?
今天星期六。

월요일	화요일	수요일	목요일
xīngqīyī	xīngqī'èr	xīngqīsān	xīngqīsì
星期一	星期二	星期三	星期四

금요일	토요일	일요일	주말
xīngqīwǔ	xīngqīliù	xīngqītiān / xīngqīrì	zhōumò
星期五	星期六	星期天 / 星期日	周末

시간 묻기, 几点? MP3 135

시엔짜이 지 디엔중
A 现在几点钟?
Xiànzài jǐ diǎnzhōng?

시엔짜이 이 디엔 스 펀
B 现在一点十分。
Xiànzài yī diǎn shí fēn.

량 디엔 워먼 취 투수꾸안 하오 마
A 两点我们去图书馆，好吗?
Liǎng diǎn wǒmen qù túshūguǎn, hǎo ma?

하오 바
B 好吧。
Hǎo ba.

아 진티엔 지 하오
A 啊，今天几号?
Ā, jīntiān jǐ hào?

진티엔 치 위에 싼 하오
B 今天七月三号。
Jīntiān qī yuè sān hào.

스 싱치우 마
A 是星期五吗?
Shì xīngqīwǔ ma?

부 스 밍티엔 차이 스 싱치우
B 不是，明天才是星期五。
Bú shì, míngtiān cái shì xīngqīwǔ.

싱치리우 칸 띠엔잉 쩐머양
A 星期六看电影，怎么样?
Xīngqīliù kàn diànyǐng, zěnmeyàng?

하오더
B 好的。
Hǎode.

A : 지금 몇 시지요?

B : 지금 1시 10분이에요.

A : 2시에 우리 도서관에 가면 어때요?

B : 좋아요.

A : 아참, 오늘 며칠이죠?

B : 오늘은 7월 3일이에요.

A : 금요일인가요?

B : 아니요, 내일이 금요일이에요.

A : 토요일에 영화 보는 거 어때요?

B : 좋아요.

만만디, 만만디

한국인의 특징을 "빨리빨리"라고 한다면, 중국인의 기질은 "만만디(慢慢的 천천히)"라고들 합니다. 중국어에서 온 이 말은 국어사전에도 올라 있을 정도로 우리말화 되어 있지요. 좋게 말하면 느긋하게 여유를 즐기는 대륙적 기질로 평가되지만, 나쁘게 말하면 일처리가 느려 터진 것을 질책하는 말로 풀이되기도 합니다.

＊만만디 (慢慢的) 명 느릿느릿함, 한가로움

08 명사술어문

서술어가 없고 '명사 + 명사'의 구조로 이루어진 문장을 명사술어문이라고 합니다. 그러나 사실은 동사 是가 생략되어 뒤에 오는 명사가 술어처럼 보이는 것입니다.

숫자가 오는 경우 (날짜, 시간, 요일, 가격)

- 今天六月二十四号。   Jīntiān liù yuè èrshísì hào.   오늘 6월 24일이에요.
- 我二十三岁。   Wǒ èrshísān suì.   저는 스물세 살입니다.

국적, 출생지를 말할 때

- 他韩国人。   Tā Hánguórén.   그는 한국인입니다.

부정문에서는 반드시 不是가 필요합니다.

- 他不是韩国人。   Tā bú shì Hánguórén.   그는 한국인이 아니에요.

09 날짜, 시간 관련 용어

일 : 기간을 표시할 때는 天을, 날짜를 표시할 때는 日(구어에선 号)를 씁니다.

- 两天 liǎng tiān 이틀
- 一月一号是元旦。 Yī yuè yī hào shì yuándàn. 1월 1일은 원단입니다.

시 : 시간의 경과는 小时로, 시각은 点으로 씁니다.

- 两个小时 liǎng ge xiǎoshí 2시간
- 三点 sān diǎn 3시

일, 주, 월, 년 표기법

前天 그제 qiántiān	—	昨天 어제 zuótiān	—	今天 오늘 jīntiān	—	明天 내일 míngtiān	—	后天 모레 hòutiān
前年 재작년 qiánnián	—	去年 작년 qùnián	—	今年 올해 jīnnián	—	明年 내년 míngnián	—	后年 내후년 hòunián
上(个)星期 지난 주 shàng(ge) xīngqī	—			这(个)星期 이번 주 zhè(ge) xīngqī	—			下(个)星期 다음 주 xià(ge) xīngqī
上个月 지난 달 shàngge yuè	—			这个月 이번 달 zhège yuè	—			下个月 다음 달 xiàge yuè

元旦 [yuándàn] 명 원단, 양력 설날 | 小时 [xiǎoshí] 명 시간 | 后天 [hòutiān] 명 모레

01 다음 시계를 보고 정확한 시간을 말해보세요.

1

_____点_____分。
_____点_____刻。

2

_____点_____分。
_____点_____。

3

_____点_____分。
_____十分_____点。

4

_____点_____分。
_____五分_____点。

02 다음 ( ) 안에 들어갈 수 있는 단어를 고르세요. 新HSK

A 两	B 后天	C 几	D 小时	E 是

1 看那部电影要三个 ( )。

2 ( ) 我们见面, 好吗?

3 今天不 ( ) 星期五。

4 ( ) 次联系。

5 现在 ( ) 点钟?

见面 [jiànmiàn] 동 만나다 | 联系 [liánxì] 동 연락하다

PART 6

동작의 진행, 在干什么呢?

🔘 MP3 137

A 你在干什么呢? 지금 뭐 하고 있어요?
　 Nǐ zài gàn shénme ne?

B 我在打行李呢。 짐을 싸는 중이에요.
　 Wǒ zài dǎ xíngli ne.

"뭐 하고 있어요?"

📖 **패턴회화 새단어**

■ 干 [gàn] 동 ~하다
■ 打 [dǎ] 동 ~하다, 때리다, 전화를 걸다
■ 行李 [xíngli] 명 짐, 가방

✏️ **보충 새단어**

▢ 正在 [zhèngzài] 부 지금
▢ 打扮 [dǎban] 동 화장하다
▢ 洗脸 [xǐliǎn] 동 세수하다
▢ 出去 [chūqù] 동 외출하다
▢ 公园 [gōngyuán] 명 공원
▢ 玩 [wán] 동 놀다

어떤 동작이 현재 진행 중임을 나타내려면 '正在 + 동사 + 呢'의 형태로 써줍니다. 이때 正이나 在는 둘 중 하나만 써도 됩니다.

● 진호: 你在干什么呢? 　　지금 뭐 하고 있니?
　　　　 Nǐ zài gàn shénme ne?

소연: 我正在打扮呢。 　　화장하는 중이야.
　　　 Wǒ zhèngzài dǎban ne.

진호: 她呢? 　　그녀는?
　　　 Tā ne?

소연: 她在洗脸。 　　그녀는 세수하고 있어.
　　　 Tā zài xǐliǎn.

진호: 你们出去吗? 　　너희 외출하니?
　　　 Nǐmen chūqù ma?

소연: 对。我们去公园。 　　응. 공원에 가.
　　　 Duì. Wǒmen qù gōngyuán.

진호: 去干什么? 　　뭐 하러 가는데?
　　　 Qù gàn shénme?

소연: 没有什么。去玩儿。 　　별일은 없어. 그냥 놀러 가.
　　　 Méiyǒu shénme. Qù wánr.

你在干什么呢?

72

MP3 138

패턴회화

02

A 你去旅游吗?　여행 가세요?
　 Nǐ qù lǚyóu ma?

B 是的。周末我去北京看朋友。　네. 주말에 친구를
　 Shì de. Zhōumò wǒ qù Běijīng kàn péngyou.　보러 베이징에 가요.

 패턴회화 새단어

- 旅游 [lǚyóu] 명 여행
- 周末 [zhōumò] 명 주말
- 北京 [Běijīng] 고 베이징(중국 의 수도)

보충 새단어

- 照相 [zhàoxiàng] 동 사진 찍다
- 用 [yòng] 동 이용하다
- 说话 [shuōhuà] 동 말하다
- 坐 [zuò] 동 앉다, 타다
- 飞机 [fēijī] 명 비행기
- 首尔 [Shǒu'ěr] 명 서울
- 着 [zhe] 조 ~하면서
- 谈话 [tánhuà] 동 이야기하다

"운동을 하러 공원에 가요."

看朋友는 '看(만나요) + 朋友(친구를)' 처럼 '동사 + 목적어'의 구조입니다.
그런데 去看朋友는 '去(가요) + 看(만나요) + 朋友(친구를)' 로 동사 두 개가 연이어 옵니다. 이런 문장을 연동문이라고 합니다.

진희: 你去哪儿?　　　　　　　　어디 가니?
　　　 Nǐ qù nǎr?

상욱: 我去公园照相。　　　　　사진 찍으러 공원에 가.
　　　 Wǒ qù gōngyuán zhàoxiàng.

- 我们用汉语说话。　　　　　우리는 중국어로 이야기합니다.
　 Wǒmen yòng Hànyǔ shuōhuà.

- 他们坐飞机去首尔。　　　　그들은 비행기를 타고 서울에 갑니다.
　 Tāmen zuò fēijī qù Shǒu'ěr.

두 동작이 동시에 진행되는, 연동문에서 着는 첫 번째 동사 뒤에 씁니다.

- 他们坐着谈话。　　　　　　그들은 앉아서 이야기를 합니다.
　 Tāmen zuòzhe tánhuà.

Tip

서울의 명칭은 서우얼(首尔)

2005년 서울의 명칭은 '한청 汉城(Hànchéng)'에서 '서우얼 首尔(Shǒu'ěr)'로 바뀌었습니다. 아직도 간혹 중국인들이 '한청'으로 잘못 부르고 있으니, 여러분이 들을 때마다 지적해주세요.

03

MP3 139

A 北京饭店在哪儿?   베이징 호텔이 어디 있어요?
　 Běijīng fàndiàn zài nǎr?

B 在天安门的附近。   천안문 근처에 있어요.
　 Zài Tiān'ānmén de fùjìn.

🔵 방위사

 패턴회화 새단어

- **饭店** [fàndiàn] 명 호텔
- **哪儿** [nǎr] 대 어디, 어느 곳
- **天安门** [Tiān'ānmén] 고 천안문
- **附近** [fùjìn] 명 근처

✏️ **보충 새단어**

- 中间 [zhōngjiān] 명 중간
- 旁边儿 [pángbianr] 명 옆

앞, 뒤, 위, 아래 등의 방향을 지시하는 말을 방위사라고 합니다.

	단순방위사		복합방위사 (단순방위사 + 边儿, 面, 头)		
동	dōng	东	dōngbianr	东边儿	동쪽
남	nán	南	nánbianr	南边儿	남쪽
서	xī	西	xībianr	西边儿	서쪽
북	běi	北	běibianr	北边儿	북쪽
위	shàng	上	shàngbian	上边儿	위쪽
아래	xià	下	xiàbianr	下边儿	아래쪽
앞	qián	前	qiánbianr	前边儿	앞쪽
뒤	hòu	后	hòubianr	后边儿	뒤쪽
안	lǐ	里	lǐbianr	里边儿	안쪽
밖	wài	外	wàibianr	外边儿	바깥쪽
좌	zuǒ	左	zuǒbianr	左边儿	왼쪽 (左头는 쓰지 않는다.)
우	yòu	右	yòubianr	右边儿	오른쪽 (右头는 쓰지 않는다.)

※ 단순방위사와 복합방위사는 '뒤'와 '뒤'의 차이가 날 뿐, 뜻은 같습니다.

※ 중간은 中间, 옆은 旁边, 근방은 附近이라는 것도 알아두면 좋겠죠?

※ 边(biān)은 원래 1성이나, 뒤 음절에 쓰일 때는 거의 경성으로 발음합니다.

北京饭店在哪儿?

后边儿。

A 北京有哪些观光胜地?
Běijīng yǒu nǎxiē guānguāng shèngdì?
베이징에는 어떤 관광명소들이 있나요?

B 有天安门广场、故宫、长城等等。
Yǒu Tiān'ānmén guǎngchǎng、 Gùgōng、 Chángchéng děngděng.
천안문광장, 고궁, 만리장성 등이 있어요.

복수형 접미사

패턴회화 새단어

- 些 [xiē] 양 조금, 약간
- 观光胜地 [guānguāng shèngdì] 명 관광 명승지
- 广场 [guǎngchǎng] 명 광장
- 故宫 [Gùgōng] 명 고궁
- 长城 [Chángchéng] 명 만리 장성
- 等等 [děngděng] 등등

보충 새단어

- 新 [xīn] 형 새롭다
- 画报 [huàbào] 명 화보

확정되지 않은 약간의 수량을 나타낼 때 '조금, 약간, 몇'이라는 뜻의 양사 些를 씁니다. 수사 一와 연결하여 一些처럼 쓰기도 합니다.

이것들	그것들, 저것들	어느 것들
这些 zhèxiē	那些 nàxiē	哪些 nǎxiē

- 这些都是我的。
  Zhèxiē dōu shì wǒ de.

  이것들은 전부 내 것입니다.

- 哪些书是新的?
  Nǎxiē shū shì xīn de?

  어떤 책들이 새 것인가요?

- 桌子上有一些画报。
  Zhuōzi shàng yǒu yìxiē huàbào.

  탁자 위에 몇몇 화보들이 있어요.

北京有哪些观光胜地?

第六课　동작의 진행, 在干什么呢?

A 你在干什么呢?
Nǐ zài gàn shénme ne?

B 我在打行李呢。
Wǒ zài dǎ xíngli ne.

A 为什么? 你去旅游吗?
Wèishénme? Nǐ qù lǚyóu ma?

B 是的。周末我去北京看朋友。
Shì de. Zhōumò wǒ qù Běijīng kàn péngyou.

A 你住在他家吗?
Nǐ zhù zài tā jiā ma?

B 不，我住在北京饭店。
Bù, wǒ zhù zài Běijīng fàndiàn.

A 北京饭店在哪儿?
Běijīng fàndiàn zài nǎr?

B 在天安门的附近。
Zài Tiān'ānmén de fùjìn.

A 北京有哪些观光胜地?
Běijīng yǒu nǎxiē guānguāng shèngdì?

B 有天安门广场、故宫、长城等等。
Yǒu Tiān'ānmén guǎngchǎng、 Gùgōng、 Chángchéng děngděng.

A : 지금 뭐 하고 있어요?

B : 짐을 싸는 중이에요.

A : 왜요? 여행 가세요?

B : 네, 주말에 친구를 보러 베이징에 가요.

A : 친구 집에서 묵나요?

B : 아니요, 베이징 호텔에 묵어요.

A : 베이징 호텔이 어디 있나요?

B : 천안문 근처에 있어요.

A : 베이징에는 어떤 관광명소들이 있나요?

B : 천안문광장, 고궁, 만리장성 등이 있어요.

중국의 수도, 베이징

중국 하면 900년 이상 중국 대륙의 정치적 심장부였던 베이징을 빼놓을 수 없습니다. 세계에서 가장 넓은 광장이라는 천안문광장(天安门广场)과 달에서도 보인다는 만리장성(长城)을 비롯하여 자금성(紫禁城), 천단공원(天坛公园), 이화원(颐和园) 등 많은 곳에서 역사적 숨결을 느낄 수 있지요. 아직 도시개발이 이루어지지 않은 서민 동네의 후통(胡同, 골목)들 역시 왕조 시대의 도시계획에 의해 지어진 것이라서 색다른 중국을 경험할 수 있습니다. 그 외에도 '베이징 카오야(北京烤鸭, 오리구이)', '후어꾸어(火锅, 중국식 샤브샤브)', '수안양러우(涮羊肉, 양고기 샤브샤브)' 등 각종 별미와 야시장의 거리 음식들이 배고픈 여행객의 발길을 잡아 끕니다.

10 진행형 在

'～ 하고 있는 중이다' 형식의 진행형을 만들려면 동작형 동사 앞에 在만 붙이면 됩니다.

기본형　(正)在 + 동사 + (呢)。

· 他正在看报。 Tā zhèngzài kànbào. 그는 지금 신문을 보고 있어요.

· 她在睡觉呢。 Tā zài shuìjiào ne. 그녀는 잠자고 있어요.

부정형　没(有) + (正)在 + 동사

A : 小狗在睡觉吗? Xiǎogǒu zài shuìjiào ma? 강아지 자고 있니?
B : 它没在睡觉。 Tā méi zài shuìjiào. 아니, 안 자.

11 지속형 着　동작이나 결과가 지속되고 있음을 나타낸다.

진행 중인 동작이라도, 동작성보다 '지속성'을 강조하고 싶다면 동사 뒤에 着를 씁니다. 동사 2개를 着로 연결하면 두 동작이 동시에 진행되고 있다는 뜻입니다.

기본형　동사 + 着

· 你每天穿着红色衣服。 Nǐ měitiān chuānzhe hóngsè yīfu.
넌 매일 빨간 옷을 입는구나.

· 墙上挂着一幅画。 Qiáng shàng guàzhe yì fú huà.
벽에 한 폭의 그림이 걸려 있다.

부정형　没(有) + 동사 + 着

· 我没穿着袜子。 Wǒ méi chuānzhe wàzi. 나는 양말을 안 신고 있어요.

동시동작　동사1 + 着 + (목적어) + 동사2

· 他打着伞等车。 Tā dǎzhe sǎn děng chē.
그는 우산을 들고서 차를 기다린다.

报 [bào] 명 신문 | 睡觉 [shuìjiào] 동 자다 | 小狗 [xiǎogǒu] 명 강아지 | 每天 [měitiān] 명 매일 | 穿 [chuān] 동 (옷을)
입다 | 红色 [hóngsè] 명 붉은색 | 墙 [qiáng] 명 담 | 挂 [guà] 동 ~에 걸다 | 幅 [fú] 양 폭 | 画 [huà] 명 그림 | 伞 [sǎn]
명 우산 | 等 [děng] 동 기다리다 | 车 [chē] 명 차

01 알맞은 단어를 넣어 빈칸을 채우세요.

■ 나는 쇼핑을 하고 있어요. ➡ 我正＿＿＿买东西。

■ 나는 숙제를 하고 있어요. ➡ 我＿＿＿在做作业。

■ 나는 춤을 추고 있어요. ➡ 我＿＿＿跳舞＿＿＿。

■ 나는 청소를 하고 있어요. ➡ 我正＿＿＿打扫。

■ 그는 달리기를 하러 공원에 갑니다. ➡ 他去公园＿＿＿＿＿＿＿。

■ 그는 축구를 하러 공원에 갑니다. ➡ 他去公园＿＿＿＿＿＿＿。

■ 그는 친구를 만나러 공원에 갑니다. ➡ 他去公园＿＿＿＿＿＿＿。

■ 그는 산책을 하러 공원에 갑니다. ➡ 他去公园＿＿＿＿＿＿＿。

02 다음 ( ) 안에 들어갈 수 있는 단어를 고르세요. 新HSK

| A 面 | B 有 | C 在 | D 着 | E 没 |

■ 左（　　）有大路。

■ 他们（　　）在运动。

■ 他打（　　）伞等车。

■ 桌子上（　　）五支笔。

■ （　　）图书馆的附近。

买 [mǎi] 통 ~을 사다 | 东西 [dōngxi] 명 물건 | 作业 [zuòyè] 명 숙제 | 跳舞 [tiàowǔ] 통 춤추다 | 打扫 [dǎsǎo] 통 청소하다 | 跑步 [pǎobù] 통 달리다 | 踢足球 [tī zúqiú] 통 축구를 히디 | 散步 [sànbù] 통 신책하다 | 大路 [dàlù] 명 큰길 | 运动 [yùndòng] 통 운동하다

PART 7

날씨 묻기, 天气怎么样?

MP3 143

A 今天天气怎么样? 오늘 날씨 어때요?
　Jīntiān　tiānqì　zěnmeyàng?

B 刮大风，阴天。 바람이 세게 불고, 날이 흐려요.
　Guā dà fēng,　yīntiān.

"날씨가 어때요?"

📖 패턴회화 새단어

- 天气 [tiānqì] 명 날씨, 일기
- 刮风 [guāfēng] 동 바람이 불다
- 阴天 [yīntiān] 명 흐린 날씨

✏️ 보충 새단어

- 黑 [hēi] 형 검다 동 검어지다
- 晴天 [qíngtiān] 명 맑은 날씨
- 还是 [háishi] 접 또는, 혹은
  부 아직도, 여전히
- 下雨 [xiàyǔ] 동 비가 내리다
- 下雪 [xiàxuě] 동 눈이 내리다
- 闷热 [mēnrè] 형 무덥다
- 暖和 [nuǎnhuo] 형 따뜻하다
- 凉快 [liángkuài] 형 시원하다
- 气温 [qìwēn] 명 온도
- 度 [dù] 명 (온도) 도
- 大概 [dàgài] 부 대강, 대략
- 摄氏 [shèshì] 명 섭씨

날이 흐리면 阴天 혹은 天阴了라고 합니다. 天黑了라는 표현도 있는데, 저녁이 되어 날이 어두워졌다는 뜻이지요.
날씨를 말하는 다양한 표현들을 알아봅시다.

- 刮大风。　　　　　　　　　　　바람이 세게 불어요.
　Guā dà fēng.

- 是晴天还是阴天?　　　　　　　날이 맑은가요, 흐린가요?
　Shì qíngtiān háishi yīntiān?

- 外边下雨还是下雪?　　　　　　밖에 비가 와요, 눈이 와요?
　Wàibian xiàyǔ háishi xiàxuě?

- 昨天不闷热，很暖和。　　　　어제는 무덥지 않고 따뜻했어요.
　Zuótiān bù mēnrè,　hěn nuǎnhuo.

- 今天不冷，很凉快。　　　　　오늘은 춥지 않고 시원하네요.
　Jīntiān bù lěng,　hěn liángkuai.

- 今天气温多少度?　　　　　　　오늘 온도가 몇 도인가요?
　Jīntiān qìwēn duōshao dù?

- 大概摄氏十六七度左右。　　　대략 16, 17도 정도예요.
　Dàgài shèshì shíliù qī dù zuǒyòu.

外边下雨还是下雪?

빨래 널어놨는데.

Tip

선택의문문 还是
'또는, 혹은'의 뜻을 가진 还是가 접속사로 쓰일 때는 두 개 혹은 그 이상에서 선택할 수 있는 선택의문문이 됩니다.
你喝咖啡还是喝茶? 커피를 마실 건가요, 아니면 차를 마실 건가요?
你去，还是我去? 당신이 가나요 아니면 제가 가나요?

패턴회화 **02**

MP3 144

A 外面刚开始下雨。 밖에 막 비가 오기 시작했어요.
　Wàimian gāng kāishǐ xiàyǔ.

B 我没带雨伞。急死了。 우산이 없는데, 초조해 죽겠어요.
　Wǒ méi dài yǔsǎn. Jísǐ le.

동사가 목적어로 오는 동사

패턴회화 새단어

- 外面 [wàimian] 명 밖, 바깥
- 刚 [gāng] 부 방금, 막
- 开始 [kāishǐ] 동 시작하다
- 下雨 [xiàyǔ] 동 비가 내리다
- 带 [dài] 동 (몸에) 지니다, 휴대하다
- 雨伞 [yǔsǎn] 명 우산
- 急 [jí] 동 애타다, 조급해하다
- 死 [sǐ] 동 죽다
- 了 [le] 조 완료의 의미를 나타내는 어기조사

동사 뒤에는 대개 명사나 명사구가 목적어로 옵니다. 그런데 특별히 동사나 동사구가 목적어로 오는 동사들이 있습니다. 喜欢, 开始, 希望, 打算입니다.

- 我喜欢下雨。　저는 비를 좋아해요.
  Wǒ xǐhuan xiàyǔ.

- 今天我开始减肥。　오늘 다이어트를 시작했어요.
  Jīntiān wǒ kāishǐ jiǎnféi.

- 你打算减肥吗?　다이어트를 할 생각이니?
  Nǐ dǎsuan jiǎnféi ma?

보충 새단어

- 喜欢 [xǐhuan] 동 좋아하다
- 减肥 [jiǎnféi] 동 다이어트하다
- 打算 [dǎsuan] 동 ～할 생각이다
- 饿 [è] 형 배고프다
- 困 [kùn] 동 졸리다
- 累 [lèi] 형 피곤하다, 지치다
- 气 [qì] 동 화를 내다

"～해 죽겠어"

정도를 과장되게 표현할 때 '～해 죽겠다'고 하지요? 중국어도 똑같습니다.

- 배고파 죽겠어.　饿死了。
  Èsǐ le.

- 졸려 죽겠어.　困死了。
  Kùnsǐ le.

- 피곤해 죽겠어.　累死了。
  Lèisǐ le.

- 바빠 죽겠어.　忙死了。
  Mángsǐ le.

- 열받아 죽겠어.　气死了。
  Qìsǐ le.

- 초조해 죽겠어.　急死了。
  Jísǐ le.

A 别着急。我有两把。
　Bié zháojí. Wǒ yǒu liǎng bǎ.
　걱정하지 마세요. 제게 두 개 있어요.

B 那么，借给我一把雨伞吧。
　Nàme, jiè gěi wǒ yì bǎ yǔsǎn ba.
　그럼, 우산 하나만 빌려주세요.

이합동사

패턴회화 새단어

- **别** [bié] 부 ~하지 마라 형 별개의, 다른
- **着急** [zháojí] 동 조급해 하다
- **把** [bǎ] 양 개
- **那么** [nàme] 접 그러면, 그렇다면
- **借** [jiè] 동 빌리다
- **给** [gěi] 동 ~에게 주다

보충 새단어

- 请客 [qǐngkè] 동 대접하다. (다른 사람에게) 밥을 사다
- 帮忙 [bāngmáng] 동 도와주다
- 生气 [shēngqì] 동 화를 내다
- 跟 [gēn] 전 ~와 함께
- 结婚 [jiéhūn] 동 결혼하다
- 钱 [qián] 명 돈
- 问 [wèn] 동 묻다
- 问题 [wèntí] 명 문제
- 教 [jiāo] 동 가르치다
- 告诉 [gàosu] 동 알려주다
- 事 [shì] 명 일, 사건

중국어에는 떨어졌다(离) 붙었다(合) 하는 동사가 있습니다. 동사 자체가 '동사 + 목적어'의 구조여서 진짜 목적어가 왔을 때 동사가 두 부분으로 떨어집니다. 请客의 경우 '청하다 + 손님을'의 형태로 이미 목적어를 가진 구조입니다. 그래서 '~에게' 밥을 산다고 말하려면 '请你的客!(너에게 한턱 쏠게!)'라고 씁니다.

- 帮 + 忙　　他帮我的忙。　　그가 나를 도와준다.
　돕다　바쁨을　Tā bāng wǒ de máng.

- 着 + 急　　着什么急呢?　　뭘 그리 안달이니?
　느끼다　급함을　Zháo shénme jí ne?

둘로 나누지 않을 경우에는 전치사를 씁니다. 见面(만나다 + 얼굴을)의 경우, '그를 만나다'는 见他的面이어도 좋고 跟他见面이어도 좋습니다.

- 结 + 婚　　跟你结婚。　　당신과 결혼해요.
　맺다　혼사를　Gēn nǐ jiéhūn.

수여동사

이합동사처럼 복잡한 구조가 생기는 이유는 중국어의 동사가 원칙적으로 목적어를 하나만 취하기 때문입니다. 그러니 목적어를 두 개 취하는 이 드문 동사들(教, 给, 告诉, 借, 问)은 외워두셔도 좋습니다.

- 给我钱。　　　　　　　　내게 돈을 주다.
　Gěi wǒ qián.

- 问老师一个问题。　　　　선생님께 의문점 하나를 여쭤보다.
　Wèn lǎoshī yí ge wèntí.

- 告诉我这件事。　　　　　내게 이 일을 알려주다.
　Gàosu wǒ zhè jiàn shì.

MP3 146

听天气预报说，明天晚上会下雨。
Tīng tiānqì yùbào shuō, míngtiān wǎnshang huì xiàyǔ.

일기예보에 따르면, 내일 저녁에 비가 올 거래요.

📖 **패턴회화 새단어**

- 听说 [tīngshuō] 동 듣자하니 ~라 한다
- 天气预报 [tiānqì yùbào] 명 일기예보
- 晚上 [wǎnshang] 명 저녁, 밤
- 会 [huì] 조 ~할 것이다, ~할 수 있다

✏️ **보충 새단어**

- 找 [zhǎo] 동 찾다
- 美娜 [Měinà] 고 미나
- 开车 [kāichē] 동 운전하다
- 骗 [piàn] 동 속이다

"~라면서?"

문장 앞에 听说를 붙여주면 '그렇다던데?' '그런 얘기가 있더라.' 하는 의미가 됩니다.

- 听说你在找工作？
  Tīngshuō nǐ zài zhǎo gōngzuò?
  취직 자리 알아본다면서?

- 听说你跟美娜结婚？
  Tīngshuō nǐ gēn Měinà jiéhūn?
  미나씨랑 결혼하신다면서요?

막연한 소문이 아니고 정확한 출처를 밝힐 때는 '听A说(A가 그러는데)'로 써줍니다.

- 听服务员说，那个菜很好吃。
  Tīng fúwùyuán shuō, nàge cài hěn hǎochī.
  종업원이 그러는데, 저 요리가 아주 맛있대요.

'~할 수 있다' 会

조동사는 동사 앞에 쓰여 의미를 더해주는 말입니다. 会는 '할 수 있다'는 가능성을 더해주는데, 주로 노력과 배움을 통해 얻은 능력을 말합니다.

- 你会开车吗？
  Nǐ huì kāichē ma?
  운전할 수 있니?

- 你会不会说汉语？
  Nǐ huì bu huì shuō Hànyǔ?
  중국어를 할 수 있어요?

'그럴 가능성이 충분하다, 개연성이 크다'는 추측을 나타내기도 합니다.

- 明天晚上会下雨。
  Míngtiān wǎnshang huì xiàyǔ.
  내일 저녁에 비가 올 거예요.

- 他不会骗我。
  Tā bú huì piàn wǒ.
  그가 나를 속일 리 없어요.

听说他在找工作？

他不会骗我。

날씨 물기, 天气怎么样?

A 今天天气怎么样?
　Jīntiān　tiānqì　zěnmeyàng?

B 刮大风, 阴天。
　Guā dà fēng,　yīntiān.

A 啊, 外面刚开始下雨。
　Ā,　wàimian gāng kāishǐ　xiàyǔ.

B 是吗? 我没带雨伞。急死了。
　Shì ma?　Wǒ méi dài yǔsǎn.　Jísǐ　le.

A 别着急。我有两把。
　Bié　zháojí.　Wǒ　yǒu liǎng bǎ.

B 那么, 借给我一把雨伞吧。
　Nàme,　jiè gěi wǒ yì bǎ yǔsǎn ba.

A 好。但是那个很旧, 不太好。
　Hǎo.　Dànshì　nàge　hěn jiù,　bú tài hǎo.

B 没关系。明天是晴天还是阴天?
　Méi guānxi.　Míngtiān shì qíngtiān háishi yīntiān?

A 听天气预报说, 明天晚上会下雨。
　Tīng　tiānqìyùbào　shuō,　míngtiān wǎnshang huì　xiàyǔ.

但是 [dànshì] 접 그러나, 그런데 | **旧** [jiù] 형 낡다, 오래되다 | **不太** [bú tài] 그다지 ~하지 않다

A : 오늘 날씨 어때요?

B : 바람이 세게 불고, 날이 흐려요.

A : 아, 밖에 막 비가 오기 시작했어요.

B : 그래요? 난 우산이 없는데. 초조해 죽겠어요.

A : 걱정하지 마세요. 제게 두 개 있어요.

B : 그럼, 우산 하나만 빌려주세요.

A : 좋아요. 그런데 우산이 낡아서 그다지 좋지 않아요.

B : 상관없어요. 내일은 맑을까요, 흐릴까요?

A : 일기예보에 따르면, 내일 저녁에 비가 올 거래요.

초대받지 않은 손님, 황사

2월 말에서 3월 중순 사이엔 꽃샘추위, 6월 말이면 장마철, 9월이면 높은 하늘, 1월이면 3한 4온…… 한국의 날씨는 '으레 이러하지' 생각했던 기상 현상의 상식들이 깨지기 시작했습니다. 한겨울에 개나리가 피기도 하고 봄이 다 지나가도록 겨울옷을 입고 다니다 갑자기 반팔을 입어야 하고……

대신 자외선 지수라든지 엘니뇨, 라니뇨, 황사 같은 단어들이 들립니다. 그 중에서 황사는 중국 북부 타클라마칸 사막과 몽골 고원의 고비 사막, 황허 상류의 알리산 사막, 중앙아시아 쪽의 건조지대 등에서 발생한 강한 모래바람이 지구 자전으로 인해 동쪽으로 이동, 우리나라에 영향을 주는 현상을 말합니다. 갈수록 먼지의 양이 많아지고 바람이 세져 국가 경제의 손실뿐만 아니라 개개인의 건강까지 심각하게 위협하는 수준에 이르렀습니다.

환경 문제에 대한 자각이 비교적 늦었던 중국에서도 요사이는 경각심을 가지고 나무 심기 등의 노력을 기울이고 있다고 하니, 좀 지켜볼 일입니다.

12 동사의 종류

문장 속에서 가장 중요한 기둥, 동사들을 기능상의 차이점에 따라 간단히 정리해봅시다.

1 목적어로 동사(구)가 오는 동사

> 喜欢, 开始, 希望, 打算, 进行, 认为

- 我希望去游乐园。 Wǒ xīwàng qù yóulèyuán. 나는 놀이동산에 가고 싶어요.

- 虽然有什么困难, 我们进行工作吧。
  Suīrán yǒu shénme kùnnan, wǒmen jìnxíng gōngzuò ba.
  비록 어떤 어려움이 있더라도, 우리는 업무를 진행합시다.

2 '~에게 …을'처럼 두 개의 목적어를 취하는 동사

> 教, 送, 给, 告诉, 借, 还, 问

- 我借朋友课本。 Wǒ jiè péngyou kèběn. 나는 친구에게 교재를 빌린다.

- 教我们汉语。 Jiāo wǒmen Hànyǔ. 우리에게 중국어를 가르친다.

3 이합동사 : 하나의 동사가 붙었다 떨어졌다 하는 동사

- 跟他见面。 Gēn tā jiànmiàn. 그와 만나다.

- 跟你结婚。 Gēn nǐ jiéhūn. 당신과 결혼한다.

- 请你帮我的忙。 Qǐng nǐ bāng wǒ de máng. 저 좀 도와주세요.

- 我生他的气。 Wǒ shēng tā de qì. 나는 그에게 화가 난다.

- 大夫给我看病。 Dàifu gěi wǒ kànbìng. 의사 선생님이 나를 진찰한다.

希望 [xīwàng] 동 희망하다 | 进行 [jìnxíng] 동 진행하다 | 认为 [rènwéi] 동 ~라고 생각하다 | 游乐园 [yóulèyuán]
명 놀이공원 | 困难 [kùnnan] 명 어려움, 곤경 | 送 [sòng] 동 보내다 | 还 [huán] 동 되돌려주다 | 看病 [kànbìng] 동 진
찰하다, 진찰받다

01 동사가 목적어로 올 수 있는 동사를 골라 빈칸에 써넣으세요.

喜欢	开始	希望	打算	进行	认为

❶ 저는　인터넷 하는 것을　좋아해요.　➡　我 ＿＿＿ 上网。

❷ 저는　이브닝 파티를　진행했어요.　➡　我 ＿＿＿ 开晚会。

❸ 저는　눈이 내리기를　바랍니다.　➡　我 ＿＿＿ 下雪。

❹ 저는　상하이에 갈　계획이에요.　➡　我 ＿＿＿ 去上海。

02 다음 ( ) 안에 들어갈 수 있는 단어를 고르세요. 新HSK

A 给	B 希望	C 告诉	D 还	E 问

❶ 他（　　　）我一个秘密。

❷ 他（　　　）我牌子。

❸ 他（　　　）妻子礼物。

❹ 他（　　　）银行钱。

❺ 我（　　　）去游乐园。

上网 [shàngwǎng] 동 인터넷을 하다 | 开晚会 [kāi wǎnhuì] 동 이브닝 파티를 열다 | 秘密 [mìmì] 명 비밀 | 牌子
[páizi] 명 상표, 브랜드 | 银行 [yínháng] 명 은행

PART 8

가격 묻기, 多少钱?

패턴회화 01

🔘 MP3 149

A 欢迎光临! 您要什么? 어서 오세요! 뭘 찾으세요?
　 Huānyíng guānglín! Nín yào shénme?

B 我要苹果。 사과가 필요해요.
　 Wǒ yào píngguǒ.

📖 패턴회화 새단어

■ 欢迎光临 [Huānyíng guānglín] 어서 오세요
■ 要 [yào] 동 필요하다, 원하다
■ 苹果 [píngguǒ] 명 사과

✏️ 보충 새단어

□ 黄瓜 [huángguā] 명 오이
□ 玉米 [yùmǐ] 명 옥수수
□ 西瓜 [xīguā] 명 수박
□ 土豆 [tǔdòu] 명 감자
□ 小心 [xiǎoxīn] 동 주의하다, 조심하다

🔘 "사과 주세요."

"~ 주세요(~가 필요해요)", "~할래요(하길 원해요)"라는 표현들, 생활 속에서 자주 사용하지요? 我要로 간단히 표현할 수 있습니다.

● 我要黄瓜。 오이가 필요해요.
　 Wǒ yào huángguā.

● 我要玉米。 옥수수 주세요.
　 Wǒ yào yùmǐ.

要가 조동사로 쓰일 때도 있습니다. 이때는 뒤에 동사가 따라붙어서 '~하고 싶다'는 소망의 의미이거나 '~해야만 한다'는 당위의 의미로 풀이됩니다.

● 我要买西瓜。 수박을 사려고 해요.
　 Wǒ yào mǎi xīguā.

● 我要吃土豆。 감자 먹을래요.
　 Wǒ yào chī tǔdòu.

● 大家要小心。 모두들 조심해야 합니다.
　 Dàjiā yào xiǎoxīn.

我要黄瓜。
我要玉米。
大家要小心。

Tip

여러 가지 채소(蔬菜 shūcài)

| 白菜 báicài 배추 | 葱 cōng 파 | 洋葱 yángcōng 양파 | 蒜 suàn 마늘 |
| 萝卜 luóbo 무 | 胡萝卜 húluóbo 당근 | 豆 dòu 콩 | 辣椒 làjiāo 고추 |

여러 가지 음식(饮食 yǐnshí)

| 米饭 mǐfàn 쌀밥 | 面包 miànbāo 빵 | 面条 miàntiáo 국수 | 饺子 jiǎozi 만두 |
| 方便面 fāngbiànmiàn 라면 | 粥 zhōu 죽 | 牛肉 niúròu 소고기 | 猪肉 zhūròu 돼지고기 |

패턴회화 02

🔊 MP3 150

A 多少钱一斤?
　　Duōshao qián yì jīn?
　　한 근에 얼마인가요?

B 三块五一斤。
　　Sān kuài wǔ yì jīn.
　　한 근에 3위안 5마오입니다.

📖 패턴회화 새단어

- **多少** [duōshao] 때 얼마, 몇
- **钱** [qián] 명 금전, 돈
- **斤** [jīn] 양 근(무게의 단위)
- **块** [kuài] 양 위안(돈의 단위)

✏️ 보충 새단어

- **一共** [yígòng] 부 모두 합해서

🎙 **"얼마예요?"**

중국에서는 흥정하기에 따라 물건값이 많이 차이납니다. 흥정하는 것을 讨价还价(tǎo jià huán jià)라고 하는데 백화점에서도 에누리가 가능할 정도입니다.
모든 물건은 한 근(500g) 기준으로 가격이 매겨집니다.

● 손님: 一共多少钱?　　　　　　전부 합해서 얼마인가요?
　　　　Yígòng duōshao qián?

　점원: 一共一百零五块(钱)。　전부 105위안이에요.
　　　　Yígòng yìbǎi líng wǔ kuài (qián).

중국 돈(人民币)은 기본 단위가 위안(元)이라서 보통 위안화라고 부릅니다. 단위가 큰 순서대로 元, 角, 分이 있는데, 구어체에서는 元 대신 块, 角 대신 毛를 더 많이 씁니다. 마지막 단위는 흔히 생략하고 말합니다.

● 三十三块两毛五(分)　　　33.25元
　sānshísān kuài liǎng máo wǔ (fēn)

● 三块七(毛)　　　　　　　3.7元
　sān kuài qī (máo)

Tip

숫자 속에서 0을 읽는 법

1. 10은 '一十'라고 하지 않고 그냥 '十'라고 하는데, 그 이상의 단위는 一百, 一千, 一万으로 씁니다.
　· 1325 → 一千三百二十五　yìqiān sānbǎi èrshíwǔ.
2. 10의 자리에 오는 0은 반드시 읽어주되, 여러 개가 겹쳐 올 경우는 한 번만 읽습니다.
　· 205 → 二百零五　èrbǎi líng wǔ　　　　　· 4006 → 四千零六　sìqiān líng liù.
3. 숫자 후반부의 0은 읽지 않습니다.
　· 3400 → 三千四(百)　sānqiān sì(bǎi).

MP3 151

A 味道不错。 您尝尝。　맛이 좋아요. 한번 맛보세요.
　Wèidao　búcuò.　Nín chángchang.

B 好，我要这种。　좋아요, 이걸로 주세요.
　Hǎo,　wǒ　yào　zhè zhǒng.

 패턴회화 새단어

■ 味道 [wèidao] 명 맛

■ 不错 [búcuò] 형 좋다, 훌륭하다

■ 尝 [cháng] 동 맛보다

■ 种 [zhǒng] 명 종류

✏️ 보충 새단어

□ 商量 [shāngliang] 동 의논하다

□ 打听 [dǎtīng] 동 물어보다

□ 一下 [yíxià] 수량 1회, 한번

○ **"맛 좀 보세요."**

你看 하면 '이걸 봐'라는 뜻인데 반해 你看看으로 동사를 중첩해서 표현하면 '좀 봐봐'처럼 의미가 완화됩니다. 동사가 단음절이면 중첩된 두번째 동사는 경성으로 읽습니다.

• 你听听那首歌。　　　　저 노래 좀 들어봐.
　Nǐ　tīngting　nà shǒu gē.

• 大家讨论讨论再决定吧。　　여럿이 토론해보고 다시 결정하자.
　Dàjiā　tǎolùn　tǎolùn　zài juédìng ba.

• 你跟王老师商量商量。　　왕선생님과 상의 좀 해봐.
　Nǐ　gēn Wáng lǎoshī shāngliang shāngliang.

중첩하는 대신 一下(儿)를 붙여줘도 같은 뜻이 됩니다.

• 我打听一下(儿)。　　　　내가 한번 알아볼게.
　Wǒ dǎtīng　yíxià(r).

＝我打听打听。
　Wǒ dǎtīng dǎtīng.

패턴회화 04

MP3 152

A 还要别的吗? 다른 것도 필요하세요?
　　Hái yào biéde ma?

B 不要。要苹果就够了。 아니요. 사과면 충분해요.
　　Búyào. Yào píngguǒ jiù gòu le.

■ 패턴회화 새단어
■ 还 [hái] 부 아직, 또
■ 就 [jiù] 부 곧, 하자마자
■ 够 [gòu] 형 충분하다

보충 새단어
□ 幸福 [xìngfú] 형 행복하다
□ 生活 [shēnghuó] 명 생활
□ 母亲 [mǔqīn] 명 어머니
□ 亲切 [qīnqiè] 형 친절하다
□ 小姐 [xiǎojie] 명 아가씨
□ 花 [huā] 명 꽃
□ 开 [kāi] 동 열다, 꽃이 피다
□ 红 [hóng] 형 붉다
□ 黄 [huáng] 형 노랗다
□ 送报 [sòngbào] 동 신문을 배달하다

的의 쓰임새

的는 우리말 '~의'처럼 명사 앞의 각종 수식어구를 손쉽게 연결해줍니다.

* 幸福的生活　　　　　　　　행복한 생활
　xìngfú de shēnghuó

* 我的母亲　　　　　　　　　나의 어머니
　wǒ de mǔqīn

* 亲切的金子小姐　　　　　　친절한 금자씨
　qīnqiè de Jīnzǐ xiǎojie

的 뒤에 올 명사가 문맥 속에서 유추가 가능하면 생략할 수도 있습니다.

* 花开了。有红的、有黄的。 꽃이 피었다. 붉은 꽃도 있고 노란 꽃도 있다.
　Huā kāi le. Yǒu hóng de、 yǒu huáng de.

때로는 '그런 성향이나 직업을 가진 사람'으로 일반화되기도 합니다.

* 男的　　　　　　　　　　　남자
　nán de

* 送报的　　　　　　　　　　신문 배달하는 사람
　sòngbào de

* 做菜的　　　　　　　　　　요리사
　zuòcài de

还要别的吗?

不要。

가격 묻기, 多少钱? MP3 153

A **欢迎光临! 您要什么?**
Huānyíng guānglín! Nín yào shénme?

B **我要苹果。多少钱一斤?**
Wǒ yào píngguǒ. Duōshao qián yì jīn?

A **三块五一斤。**
Sān kuài wǔ yì jīn.

B **太贵了。**
Tài guì le.

A **但是味道不错。您尝尝。**
Dànshì wèidao búcuò. Nín chángchang.

B **好，我要这种。**
Hǎo, wǒ yào zhè zhǒng.

A **您要多少?**
Nín yào duōshao?

B **我要五斤。**
Wǒ yào wǔ jīn.

A **还要别的吗?**
Hái yào biéde ma?

B **不要。要苹果就够了。**
Búyào. Yào píngguǒ jiù gòu le.

A : 어서 오세요! 무엇이 필요하세요?

B : 사과가 필요해요. 한 근에 얼마인가요?

A : 한 근에 3위안 5마오입니다.

B : 너무 비싸네요.

A : 하지만 맛이 좋아요. 맛 한번 보세요.

B : 좋아요, 이걸로 주세요.

A : 얼마나 드릴까요?

B : 다섯 근 주세요.

A : 다른 것도 필요하세요?

B : 아니요, 사과면 충분해요.

이거 알아?

중국에서 맛볼 수 있는 과일들

한국인들이 중국에 가면 입을 떡 벌리고 좋아하는 것 중의 하나가 바로 '과일'입니다. 중국은 열대에서 냉대까지, 모든 기후가 걸쳐 있기 때문에 생산되는 과일의 종류도 많고 가격도 저렴합니다.

'하미과(哈蜜瓜)'는 참외와 멜론을 합친 것 같은 신장 성(省)의 특산물입니다. 호박색 멜론 같은데 안을 쪼개보면 슈퍼참외 같기도 하고…… 모양만 봐서는 선뜻 손이 가지 않는데 막상 입에 대면 아삭아삭한 맛이 무척 달콤하고 시원합니다. 껍질은 두껍게 잘라서 버리는 것이 좋습니다.

'리쯔(荔枝)'는 양귀비가 먹었다 해서 유명한 과일인데, 우리나라에서도 중국집에서 후식으로 내주는 곳들이 많아서 이미 맛보신 분들이 꽤 있을 겁니다. 울퉁불퉁한 껍질을 까면 말랑말랑하고 미끈한 열매가 나오는데, 달달하다고 많이 먹으면 배탈이 나니까 주의해야 합니다.

'산주(山竹)'도 빼놓을 수 없습니다. 망고스틴으로 더 잘 알려져 있는데, 향기가 있고 새콤달콤하여 열매 중의 여왕으로 불립니다.

과일계의 뜨거운 감자, '리우리엔(榴莲)'도 한번 맛보세요. 두리안(Durian)으로 알려져 있는 열대과일이라고 하면 아는 분도 많을 겁니다. 일반 과일에 비해 무척 비싸서 중국에선 최고급에 속하는데, 맛에 대해서는 그야말로 의견이 분분합니다. 바나나처럼 부드럽고 맛있다는 매니아와 석유냄새가 나서 못 먹겠다는 안티파로 분명하게 갈립니다. 동남아시아에선 리우리엔을 가지고 객실에 들어갈 수 없도록 규정된 호텔이 있을 정도로 향이 독특합니다. 직접 먹어보고 자신의 성향을 알아보는 모험도 나쁘진 않겠죠?

13 동사의 중첩

동사의 어감을 누그러뜨려 '그냥 한번 해보다'로 표현할 때, 동사를 반복해서 써줍니다.

• 看看。	Kànkan.	한번 좀 보세요.

단음절 동사(A)일 경우는 A(一)A로, 2음절 동사(AB)의 경우는 ABAB로 씁니다. 이때 동사 뒤에 一下(儿)를 붙여도 같은 뜻이 됩니다.

• 想一想。	Xiǎng yi xiǎng.	생각 좀 해보세요.
• 讨论讨论。	Tǎolùn tǎolùn.	토론 좀 해보자.
• 研究研究。	Yánjiū yánjiū.	궁리 좀 해볼게요.
• 等一下。	Děng yíxià.	잠깐 기다리세요.
• 我来介绍一下。	Wǒ lái jièshào yíxià.	제 소개 좀 할게요.

14 的와 地의 차이

중국어에는 de 조사 3총사가 있습니다. 명사를 꾸며주는 的, 술어를 꾸며주는 地, 그리고 역시 술어를 보충해주되 뒤에서 꾸며주는 得가 그것입니다. 여기서는 우선 的와 地의 차이점에 대해 배워보겠습니다.

的 : 수식어(명사, 동사, 형용사) + 的 + 명사

• 她的袜子	tā de wàzi	그녀의 양말
• 看电视的人	kàn diànshì de rén	TV를 보는 사람
• 辣的辣椒	là de làjiāo	매운 고추

地 : 수식어(동사, 형용사, 부사) + 地 + 동사

- 老师热情地教我们。　Lǎoshī rèqíng de jiāo wǒmen.
  선생님은 우리를 열성적으로 가르치신다.
- 他努力地学习。　Tā nǔlì de xuéxí. 그는 열심히 공부한다.
- 她非常认真地帮助我。　Tā fēicháng rènzhēn de bāngzhù wǒ.
  그녀는 굉장히 성실하게 나를 돕는다.

想 [xiǎng] 조동 ~하고 싶다. ~할 것이다. | 讨论 [tǎolùn] 동 의논하다 | 研究 [yánjiū] 동 생각하다. 연구하다 | 介绍 [jièshào] 동 소개하다 | 电视 [diànshì] 명 TV | 辣椒 [làjiāo] 명 고추 | 热情 [rèqíng] 형 열정적이다 | 努力 [nǔlì] 동 노력하다 | 认真 [rènzhēn] 형 성실하다

01 다음 우리말 문장을 중작해보세요.

1 우리 | 좀 쉬자. | 我们＿＿＿＿＿＿＿。

2 우리 | 좀 기다리자. | 我们＿＿＿＿＿＿＿。

3 우리 | 토론 좀 하자. | 我们＿＿＿＿＿＿＿。

4 우리 | 상의 좀 하자. | 我们＿＿＿＿＿＿＿。

02 다음 ( ) 안에 들어갈 수 있는 단어를 고르세요. 新HSK

A 要　　　B 地　　　C 一　　　D 零　　　E 的

1 妹妹努力（　　）学习。

2 看（　　）看。

3 305元：三百（　　）五元

4 我（　　）黄瓜。

5 看电视（　　）人

休息 [xiūxi] 동 쉬다

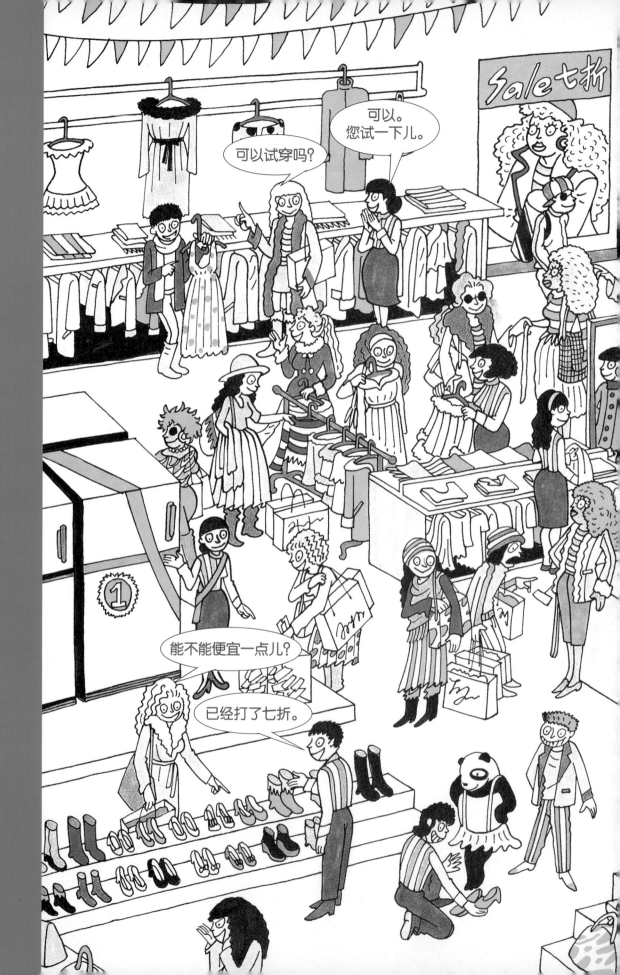

PART 9

흥정하기, 便宜一点儿

我想看看那件衣服。 저 옷 좀 보고 싶은데요.
Wǒ xiǎng kànkan nà jiàn yīfu.

可以试穿吗? 입어봐도 될까요?
Kěyǐ shìchuān ma?

○ '～하고 싶다' 想

📖 **패턴회화 새단어**

- 想 [xiǎng] 조 ～하고 싶다
- 件 [jiàn] 양 (옷)벌
- 衣服 [yīfu] 명 옷
- 可以 [kěyǐ] 조 ～해도 좋다
- 试 [shì] 동 시험 삼아 해보다
- 穿 [chuān] 동 (옷을) 입다

✏️ **보충 새단어**

- 百货商店 [bǎihuòshāngdiàn] 명 백화점
- 裙子 [qúnzi] 명 치마
- 抽烟 [chōuyān] 동 담배를 피우다

想은 원래 '생각하다'라는 동사인데, 조동사로 쓰일 때는 '～하고 싶다'는 소망이나 희망을 나타냅니다.

我想他。 그 사람이 그리워요. (동사)
Wǒ xiǎng tā.

我想看看那件衣服。 저 옷 좀 보고 싶은데요. (조동사)
Wǒ xiǎng kànkan nà jiàn yīfu.

'～ 하려 한다'처럼 의지를 표현할 때도 쓰입니다.

我想去百货商店买裙子。 백화점에 가서 치마를 살 거예요.
Wǒ xiǎng qù bǎihuòshāngdiàn mǎi qúnzi.

○ '～해도 좋다' 可以

'～ 할 수 있다'는 가능성을 나타내거나 '～ 해도 좋다'는 허락을 의미합니다.

我可以帮助你。 난 널 도울 수 있어. (가능성)
Wǒ kěyǐ bāngzhù nǐ.

那里可以抽烟。 저기선 담배를 피워도 좋습니다. (허락)
Nàli kěyǐ chōuyān.

我可以试穿吗? 입어봐도 될까요? (허락)
Wǒ kěyǐ shìchuān ma?

我可以试穿吗?

可以。

패턴회화 02

MP3 156

太短了。 너무 짧네요.
Tài duǎn le.

有没有再长一点儿的? 조금 더 긴 것이 있나요?
Yǒu méiyǒu zài cháng yìdiǎnr de?

형용사 강조구문

패턴회화 새단어

- 太 [tài] 부 너무
- 短 [duǎn] 형 짧다
- 再 [zài] 부 다시
- 长 [cháng] 형 길다
- 一点儿 [yìdiǎnr] 수량 조금

보충 새단어

- 最 [zuì] 부 가장
- 特别 [tèbié] 부 특별히
- 容易 [róngyì] 형 쉽다
- 挺 [tǐng] 부 매우, 대단히
- 格外 [géwài] 부 각별히, 유달리

형용사의 정도를 강조하고 싶을 때는 정도부사(很, 非常, 十分, 最, 格外, 特别 등)를 씁니다.

那件裙子最漂亮。 저 치마가 제일 예쁘네요.
Nà jiàn qúnzi zuì piàoliang.

他对我特别热情。 그는 특별히 내게 친절합니다.
Tā duì wǒ tèbié rèqíng.

형용사를 太 …… 了, 可 …… 了, 挺 …… 的 구문 안에 넣어도 의미가 강조됩니다.

太贵了。 너무 비싸요.
Tài guì le.

可容易了。 어찌나 쉬운지요.
Kě róngyì le.

挺好的。 정말 좋네요.
Tǐng hǎo de.

有点儿과 一点儿

有没有再长一点儿的?

有点儿은 술어 앞에 쓰여서 상황이 '조금' 마음에 들지 않는다는 뉘앙스를 줍니다. 하지만 一点儿은 술어 뒤에 쓰여서 객관적인 정도가 '조금, 약간'임을 나타냅니다.

今天有点儿热。 오늘 좀 덥네요. (더운 것이 마음에 들지 않아요.)
Jīntiān yǒudiǎnr rè.

今天热一点儿。 오늘 좀 덥네요. (평소보다 기온이 높은 편이네요.)
Jīntiān rè yìdiǎnr.

패턴회화 03

MP3 157

A 有没有别的颜色? 다른 색상은 없나요?
　Yǒu méiyǒu biéde yánsè?

B 有。这件怎么样? 있어요. 이건 어떠세요?
　Yǒu. Zhè jiàn zěnmeyàng?

🔵 **의류 쇼핑하기**

패턴회화 새단어

■ 颜色 [yánsè] 명 색깔

🖊 보충 새단어
□ 拍卖 [pāimài] 동 바겐세일하다
□ 特价 [tèjià] 명 특별 할인 가격
□ 商品 [shāngpǐn] 명 상품
□ 样式 [yàngshì] 명 스타일
□ 紧 [jǐn] 형 조이다, 촉박하다, 걱정하다
□ 款式 [kuǎnshì] 명 스타일
□ 时髦 [shímáo] 형 유행이다, 세련되다
□ 正好 [zhènghǎo] 형 딱 좋다
□ 合适 [héshì] 형 적합하다
□ 便宜 [piányi] 형 싸다

중국에서 옷을 살 때는 어떤 표현들이 필요할까요? 다양한 표현법을 익혀봅시다.

• 大拍卖。 대 바겐세일입니다.
　Dà pāimài.

• 特价商品是什么? 세일 상품이 뭔가요?
　Tèjià shāngpǐn shì shénme?

• 太短了。有别的样式吗? 너무 짧아요. 다른 스타일은 없나요?
　Tài duǎn le. Yǒu biéde yàngshì ma?

• 太紧了。这件几号? 너무 끼네요. 치수가 몇이에요?
　Tài jǐn le. Zhè jiàn jǐ hào?

• 这件的款式挺时髦的。 이 스타일이 아주 유행이에요.
　Zhè jiàn de kuǎnshì tǐng shímáo de.

• 正好! 딱 좋아요!
　Zhènghǎo!

• 对你很合适。 네게 참 잘 어울린다.
　Duì nǐ hěn héshì.

• 能不能便宜一点儿? 깎아주실 수 있나요?
　Néng bu néng piányi yìdiǎnr?

• 她这个人很时髦。 그녀는 무척 멋쟁이군요.
　Tā zhège rén hěn shímáo.

对你很合适。

흠 ………

패턴회화 04

MP3 158

已经打了七折。
Yǐjing dǎ le qī zhé.

이미 30% 할인한 금액이에요.

不能再便宜了。
Bù néng zài piányi le.

더 싸게는 못 드려요.

 패턴회화 새단어

- **已经** [yǐjing] 부 이미, 벌써
- **打折** [dǎzhé] 동 세일하다
- **能** [néng] 조동 ~할 수 있다
- **便宜** [piányi] 동 값을 깎다 형 (값이) 싸다

✎ **보충 새단어**

- 之 [zhī] 조 ~의
- 病 [bìng] 명 병
- 上课 [shàngkè] 동 수업하다

● 백분율

중국어에서도 백분율을 읽는 방법은 우리말과 똑같습니다. '백분의 일'을 百分之一라고 읽지요.

• 百分之八十
bǎi fēn zhī bāshí

80%

그런데 '30% 세일'은 백분율 대신 折로 표시합니다. 折는 1/10의 개념인데, 깎아주는 가격폭이 아니라 세일해서 받는 물건 가격을 의미합니다. 따라서 7折는 '30%를 깎아서 70%의 가격에 판매한다, 즉 '30% 세일'이라는 의미입니다.

• 打九折。
Dǎ jiǔ zhé.

10% 세일입니다.

● '~할 수 있다' 能

能은 선천적으로 '할 수 있다'는 의미여서 '노력하거나 배워서 할 수 있다'는 의미를 가진 会와 구분됩니다.

• 你能吃辣椒吗?
Nǐ néng chī làjiāo ma?

고추를 먹을 수 있나요?

또한 손상되었다가 회복된 능력을 의미하기도 합니다. 가령 '아파서 수업에 갈 수 없었는데 이젠 다 나아서 갈 수 있다'고 표현할 때는 能을 쓰면 됩니다.

• 我病好了, 能去上课。
Wǒ bìng hǎo le, néng qù shàngkè.

병이 다 나아서, 수업에 갈 수 있다.

打九折。

흥정하기, 便宜一点儿 MP3 159

A 我想看看那件衣服。可以试穿吗?
　　Wǒ xiǎng kànkan nà jiàn yīfu. Kěyǐ shìchuān ma?

B 可以。您试一下儿。
　　Kěyǐ. Nín shì yíxiàr.

A 这件太短了。有没有再长一点儿的?
　　Zhè jiàn tài duǎn le. Yǒu méiyǒu zài cháng yìdiǎnr de?

B 您试试那件。那件的款式挺时髦的。
　　Nín shìshi nà jiàn. Nà jiàn de kuǎnshì tǐng shímáo de.

A 有没有别的颜色?
　　Yǒu méiyǒu biéde yánsè?

B 有。这件怎么样?
　　Yǒu. Zhè jiàn zěnmeyàng?

A 正好。这件多少钱?
　　Zhènghǎo. Zhè jiàn duōshao qián?

B 七百五十块钱。
　　Qībǎi wǔshí kuài qián.

A 太贵了。能不能便宜一点儿?
　　Tài guì le. Néng bu néng piányi yìdiǎnr?

B 已经打了七折。不能再便宜了。
　　Yǐjing dǎ le qī zhé. Bù néng zài piányi le.

款式 [kuǎnshì] 명 스타일 | 挺 [tǐng] 부 매우, 대단히 | 时髦 [shímáo] 형 유행이다, 세련되다 | 正 [zhèng] 형 딱, 마침 | 百 [bǎi]
수백, 100

A : 저 옷 좀 보고 싶은데요. 입어봐도 될까요?

B : 그럼요. 한번 입어보세요.

A : 이건 너무 짧네요. 조금 더 긴 것이 있나요?

B : 저 옷을 한번 입어보세요. 저 스타일이 유행이에요.

A : 다른 색상은 없나요?

B : 있어요. 이건 어떠세요?

A : 딱 좋네요. 이 옷 얼마인가요?

B : 750위안입니다.

A : 너무 비싸요. 조금만 깎아주실 수 있나요?

B : 이미 30% 할인한 금액이에요. 더 싸게는 못 드려요.

북경의 명동, 왕푸징

왕푸징(王府井)은 현재 베이징에서 가장 유명한 쇼핑 거리입니다. 예전에 유명한 거부 왕씨 집안의 우물이 있던 곳이라나요. 그래서인지 지금도 번영에 번영을 거듭하고 있으며, 왕푸징과 시단 거리는 서울의 명동과 신촌 정도에 해당하는 번화가입니다.

값싼 진주를 사고 싶은 분들은 홍치아오(虹桥) 시장으로 가보셔도 좋습니다.

안타까운 소식 하나! 중국을 방문하는 관광객들의 '비공식 필수 관광' 코스였던 '가짜 명품시장'이 자취를 거의 감추고 있다고 합니다. 상하이에는 샹양루(襄阳路)시장이, 베이징에는 쉬우쉐이지에(秀水街 silk street) 시장이 대표적이었는데, 샤넬이나 프라다, 루이비통 등 명품업체들과의 상표권 침해 소송에서 줄줄이 패소한데다 2008년 베이징올림픽 때 '짝퉁의 나라'라는 오명을 벗겠다는 중국 정부의 의지로 철거가 되었기 때문이라는군요.

15 여러 가지 조동사

1 想 : 소망 (~하고 싶다)

- 我想回去。 Wǒ xiǎng huíqù. 나는 돌아가고 싶다.

- 我不想回去。 Wǒ bù xiǎng huíqù. 나는 돌아가고 싶지 않다. (부정형)

- 你想不想回去? Nǐ xiǎng bu xiǎng huíqù? 당신은 돌아가고 싶습니까? (의문형)

2 要 : 희망 (~하고자 한다) | 의무 (~해야만 한다)

- 他要来。 Tā yào lái. 그는 올 것이다.

- 我不想来。 Wǒ bù xiǎng lái. 나는 오고 싶지 않습니다. (부정형은 不要가 아니라 不想)

- 你要不要来? Nǐ yào bu yào lái? 당신은 올 건가요?

- 路很滑，大家要小心。 Lù hěn huá, dàjiā yào xiǎoxīn.
  길이 미끄러우니 모두 조심해야 합니다.

3 可以 : 가능 | 허락

- 你可以走。 Nǐ kěyǐ zǒu. 당신은 가도 됩니다.

- 我可以帮助你。 Wǒ kěyǐ bāngzhù nǐ. 저는 당신을 도울 수 있습니다.

4 会 : 배워서 얻어진 능력 (~할 수 있다)

- 他会说普通话。 Tā huì shuō pǔtōnghuà. 그는 중국어를 말할 줄 압니다.

- 女儿会走路了。 Nǚ'ér huì zǒulù le. 딸아이가 걷기 시작했습니다.
  (걸음마를 배워서 걷게 되었습니다.)

5 能 : 선천적, 혹은 회복된 능력 (~할 수 있다) | 허락 (~해도 좋다)

- 哥哥病好了，现在能走路。 Gēge bìng hǎo le, xiànzài néng zǒulù.
  형의 병이 다 나아서 지금은 걸을 수 있습니다.
  (병 때문에 걷지 못하다가 병이 나아서 지금은 걸을 수 있습니다. 능력을 회복했습니다.)

回 [huí] 동 돌아가다 | 滑 [huá] 동 미끄럽다 | 走 [zǒu] 동 걷다, 가다 | 普通话 [pǔtōnghuà] 명 중국 표준어 | 路 [lù] 명 길

01 알맞은 조동사를 골라 빈칸을 채우세요.

1 그는 5개 언어를 구사할 수 있어요. ➡ 他___说五种语言。 | 会/能

2 그 아이는 (원래) 말을 못해요. ➡ 那孩子不___说话。 | 会/能

3 당신은 비타민 C가 필요해요. ➡ 你___吃维生素C。 | 要/想

4 나는 대학을 다니지 않을 거예요. ➡ 我不___上大学。 | 要/想

02 다음 ( ) 안에 들어갈 수 있는 단어를 고르세요. 新HSK

A 一   B 再   C 折   D 呢   E 太

1 妈妈在开车（   ）。

2 那件（   ）俗了。

3 这家商店打了六（   ）。

4 请你给我便宜（   ）点儿。

5 不能（   ）便宜了。

语言 [yǔyán] 몡 언어 | 维生素 [wéishēngsù] 몡 비타민 | 俗 [sú] 혱 흔하다, 고상하지 못하다

PART 10

길 물기, 怎么走?

첫걸음
포인트

- "어떻게 가나요?"
- 간격, 거리의 离, 从, 到
- 방향의 往, 向
- 경험의 过
- 동량보어
- "A이기도 하고 B이기도 해요."

첫걸음
문 법

16 시태조사 过
17 전치사

패턴회화 **01** MP3 161

A 去天安门怎么走? 천안문에 어떻게 가나요?
　Qù　Tiān'ānmén　zěnme　zǒu?

B 离这儿太远了。 여기서 꽤 멀어요.
　Lí　zhèr　tài　yuǎn le.

"어떻게 가나요?"

패턴회화 새단어

- 怎么 [zěnme] 때 어떻게
- 走 [zǒu] 통 가다
- 离 [lí] 전 ～부터(거기까지)
- 远 [yuǎn] 형 멀다

보충 새단어

- 从 [cóng] 전 ～로부터
- 到 [dào] 전 ～까지 통 도착하다

去는 특정한 목적지를 향해 간다는 의미가 있는 반면, 走는 넓게 포괄적인 의미로 쓰입니다. 의미에 따라 怎么走? 怎么去? 모두 가능합니다.

- 去故宫怎么走? 　고궁에 어떻게 가나요?
  Qù Gùgōng zěnme zǒu?

- 最近特别忙, 怎么去呢? 　요새 무척이나 바쁜데, 어떻게 가?
  Zuìjìn　tèbié　máng,　zěnme　qù ne?

간격, 거리의 离, 从, 到

시간이나 장소, 방향 등을 나타내는 말이 전치사입니다. 뒤에 반드시 명사(구)가 와야 한다는 것이 중요합니다.
从은 시간이나 장소의 출발점을, 到는 도착점을 나타냅니다.

- 你从哪儿来? 　당신은 어디에서 옵니까?
  Nǐ cóng　nǎr　lái?

- 你到哪儿去? 　당신은 어디까지 갑니까?
  Nǐ dào　nǎr　qù?

离는 시간이나 공간상의 간격, 거리를 나타내며, '～에서부터'로 해석합니다.

- 学校离家很远。 　학교는 집에서 멉니다.
  Xuéxiào lí　jiā hěn yuǎn.

离这儿太远了。

경찰서 가, 가자구!

Tip

11번 버스를 타다
'걸어가다'는 走路라고 하지만 坐11路来(11번 버스를 타고 왔다).라고 표현하기도 합니다. 숫자 11을 우리의 다리 모양과 같게 보아서 재치있게 표현한 것이지요. 물론 진짜로 11번 버스를 탄 것일 수도 있습니다.

패턴회화 02

MP3 162

往前走，到十字路口，
Wǎng qián zǒu,　　dào　shízì　lùkǒu,

앞으로 가다가 교차로에서,

向右拐就到了。
xiàng yòu guǎi jiù dào　le.

오른쪽으로 꺾으면 바로 도착해요.

📖 패턴회화 새단어

- 往 [wǎng] 전 ~을 향해서
- 前 [qián] 명 앞
- 到 [dào] 동 도착하다
- 十字路口 [shízì lùkǒu] 명 교차로
- 向 [xiàng] 전 ~을 향해서
- 右 [yòu] 명 오른쪽
- 拐 [guǎi] 동 돌다

✏️ 보충 새단어

- 前面 [qiánmian] 명 앞, 전면
- 一直 [yìzhí] 부 똑바로, 곧바로

방향의 往, 向

동작의 방향을 지시하는 말에는 往과 向이 있습니다. '~ 쪽으로'라고 해석합니다.

- 往前面一直走。
  Wǎng qiánmian yìzhí zǒu.

  앞쪽으로 곧장 (걸어)가세요.

- 从这儿往东走。
  Cóng zhèr wǎng dōng zǒu.

  여기에서 동쪽 방향으로 가세요.

- 到十字路口向右拐。
  Dào shízì　lùkǒu xiàng yòu guǎi.

  교차로에서 오른쪽으로 꺾으세요.

到十字路口向右拐。

Tip

교통에 관련된 표현

坐88路(公车) zuò bāshíbā lù (gōngchē) 88번 버스를 타다　　打的 dǎdí 택시를 타다
换车 huànchē = 倒车 dǎochē 차를 갈아타다　　坐三站下车 zuò sān zhàn xiàchē 세 정거장 간 뒤 내리다
掉头 diàotóu 유턴하다　　下一站 xià yí zhàn 다음 정거장
停车 tíngchē 차를 세우다　　停车场 tíngchēchǎng 주차장
堵车 dǔchē 길이 막히다　　倒车 dǎochē 차를 갈아타다 / dàochē 차를 후진시키다

你去过天安门吗? 천안문에 가봤나요?
Nǐ qùguo Tiān'ānmén ma?

MP3 163

■ 过 [guò] 조 ~해보다 동 지내다, 생활하다

✏️ 보충 새단어

□ 青岛 [Qīngdǎo] 고 칭다오
  (중국 지명, 맥주가 유명함)
□ 啤酒 [píjiǔ] 명 맥주
□ 烤鸭 [kǎoyā] 명 오리구이

● 경험의 过

동사 뒤에 过를 붙이면 과거에 그런 경험이 있음을 나타냅니다. 去过라고 하면 '가본 적이 있다'는 뜻이 됩니다.

• **我喝过青岛啤酒。**　　　　나는 칭다오 맥주를 마셔봤어요.
　Wǒ hēguo Qīngdǎo píjiǔ.

과거의 일이기 때문에 没(有)로 부정합니다.

• **我没去过日本。**　　　　나는 일본에 가본 적이 없어요.
　Wǒ méi qùguo Rìběn.

• **你吃过烤鸭没有?**　　　　오리구이를 먹어보았나요?
　Nǐ chīguo kǎoyā méiyǒu?

이합동사는 전체가 하나의 동사를 이루지만, 자세히 들여다보면 앞의 글자만 동사에 해당합니다. 그래서 过는 이합동사 내의 동사 뒤에 들어갑니다.

• **我跟他见过面。**　　　　나는 그를 만난 적이 있어요.
　Wǒ gēn tā jiànguo miàn.

我跟他见过面。

114

MP3 164

当然。 我去过三次。 물론이죠. 세 번 가봤는걸요.
Dāngrán. Wǒ qùguo sān cì.

又宏伟又壮观。 웅장하고 훌륭해요.
Yòu hóngwěi yòu zhuàngguān.

패턴회화 새단어

- 当然 [dāngrán] 형 당연하다
- 次 [cì] 양 (일, 동작 따위의 횟수) 번, 회
- 又 [yòu] 부 또, 다시
- 宏伟 [hóngwěi] 형 웅장하다
- 壮观 [zhuàngguān] 형 장관이다

보충 새단어

- 遍 [biàn] 양 동작의 전 과정 1회
- 趟 [tàng] 양 왕래의 횟수 1회
- 顿 [dùn] 양 끼니
- 拳 [quán] 명 주먹 양 대
- 聪明 [cōngming] 형 총명하다
- 营养 [yíngyǎng] 명 영양
- 丰富 [fēngfù] 형 풍부하다

동량보어

보어란 '보충해주는 말'입니다. 중국어에서 보어는 반드시 동사 뒤에 쓰입니다.
'세 번 가봤어요.' '하루에 세 끼를 먹어요.'처럼 동작의 양(횟수)을 표시하는 보어를 '동량보어'라고 합니다.

- 请再说一遍。　　　　　　다시 한 번 말씀해주세요.
  Qǐng zài shuō yí biàn.

- 去了一趟北京。　　　　　한 번 갔다 왔어요. (왕래의 횟수 1회)
  Qù le yí tàng Běijīng.

- 他一天吃两顿饭。　　　　그는 하루에 두 끼를 먹는다.
  Tā yì tiān chī liǎng dùn fàn.

- 我想打他一拳。　　　　　나는 그를 한 대 때려주고 싶다.
  Wǒ xiǎng dǎ tā yì quán.

"A이기도 하고 B이기도 해요."

두 가지 이상의 형용사를 병렬식으로 이어서 서술할 때는 '又 + 형용사(A) + 又 + 형용사(B)' 구문을 이용합니다. 이때 두 개의 형용사의 성질이 일치하여야 합니다. 즉, 앞의 형용사가 긍정적인 의미이면 뒤의 형용사 역시 긍정적이어야 합니다.

- 她又漂亮又聪明。　　　　그녀는 아름답기도 하고 영리하기도 해요.
  Tā yòu piàoliang yòu cōngming.

- 味道又不错，营养又丰富。　맛도 좋고, 영양도 풍부해요.
  Wèidao yòu búcuò, yíngyǎng yòu fēngfù.

请再说一遍。

…
…
…

第十课　길 묻기, 怎么走? MP3 165

A 请问，去天安门怎么走?
　　Qǐngwèn,　　qù Tiān'ānmén zěnme zǒu?

B 离这儿太远了。你得坐公共汽车去。
　　Lí　zhèr　tài yuǎn le.　Nǐ děi zuò gōnggòngqìchē　qù.

A 车站在哪儿?
　　Chēzhàn zài　nǎr?

B 往前走，到十字路口，向右拐就到了。
　　Wǎng qián zǒu,　dào shízì　lùkǒu,　xiàng yòu guǎi jiù dào le.

A 你去过天安门吗?
　　Nǐ　qùguo Tiān'ānmén ma?

B 当然。我去过三次。
　　Dāngrán.　Wǒ qùguo sān cì.

A 怎么样?
　　Zěnmeyàng?

B 真不错。又宏伟又壮观。
　　Zhēn búcuò.　Yòu hóngwěi yòu zhùangguān.

得 [děi] 조동 ~해야 한다 | 坐 [zuò] 동 앉다 | 公共汽车 [gōnggòngqìchē] 명 버스 | 车站 [chēzhàn] 명 정거장, 정류소

116

A : 저기요, 천안문에 어떻게 가나요?

B : 여기서 꽤 멀어요. 버스를 타고 가야 해요.

A : 버스 정류장은 어디에 있나요?

B : 앞으로 가다가 교차로에서 오른쪽으로 꺾으면 바로 도착해요.

A : 천안문에 가보셨어요?

B : 물론이죠. 세 번 가봤는걸요.

A : 어때요?

B : 정말 좋았어요. 웅장하고 훌륭해요.

이거 알아?

중국의 교통수단

비 오는 날 상하이 거리에 나갔다가 나도 모르게 '와!' 하는 탄성이 터져나오는 경험을 한 적이 있습니다. 빨강, 노랑, 파랑, 녹색, 형형색색의 우비들과 함께 흘러가는 자전거의 무리. 서두르지도 않는 유유한 움직임이 마치 누아르 영화의 한 장면처럼 드라마틱하게 보이더군요.

중국에서 가장 중요한 교통수단은 아마도 자전거일 겁니다. 자동차의 1차선 도로에 해당하는 폭만큼 확보된 자전거 도로들 덕분에 자전거 출퇴근이 아주 편리합니다.

물론 광고판으로 화려하게 뒤덮인 버스를 탈 수도 있습니다. 두 대의 버스가 연결된 굴절버스, 2층버스, 미니버스, 차장이 있는 버스, 냉방 버스 등등 지역에 따라 다양한 종류의 버스들이 있습니다. 지금도 차장이 있는 버스가 많은 중국에서는 아직 벨소리만으로 승하차가 원활하게 이루어지지 않습니다. 정류장에 도착하기 전에 운전기사를 향해 크고 사나운 소리로 "샤처(下车 내려요)"라고 외치지 않으면 정류장을 지나치는 경우도 종종 있습니다.

16 시태조사 过

'~한 적이 있다'처럼 과거에 경험한 일을 표현할 때는 동사 뒤에 过를 써줍니다. 부정은 没 (有)로 합니다.

- 我坐过火车。 Wǒ zuòguo huǒchē. 나는 기차를 탄 적이 있다.

- 我已经读过这本书。 Wǒ yǐjīng dúguo zhè běn shū. 이미 이 책을 읽은 적이 있다.

过는 曾经, 已经과 함께 쓰이는 경우가 많습니다.

- 我曾经吃过这种水果。 Wǒ céngjīng chīguo zhè zhǒng shuǐguǒ.
  나는 전에 이 과일을 먹어본 적이 있다.

17 전치사

전치사는 주어와 술어의 중간에 쓰이는데, 뒤에 반드시 명사나 명사구가 함께 와서 '전치사 구'를 이뤄야 합니다.

我(주어) + 在(전치사) + 家(명사) + 吃(술어) + 饭(목적어)。

1 从, 到 : 从은 시간이나 장소의 출발점, 到는 도착점

- 从上海到北京多远？ Cóng Shànghǎi dào Běijīng duō yuǎn?
  상하이에서 베이징까지 거리가 얼마나 되죠?

2 离 : 시간이나 공간상의 간격, 거리 '~에서부터'

- 春节离现在还有一个月。 Chūnjié lí xiànzài hái yǒu yí ge yuè.
  설은 지금으로부터 아직 한 달 남았습니다.

3 向，朝，往 : 동작의 방향 지시

- 往前走。 Wǎng qián zǒu. 앞으로 갑니다.

- 我向您介绍我家的情况。 Wǒ xiàng nín jièshào wǒ jiā de qíngkuàng.
  당신에게 우리 집 상황을 알려드리겠습니다.

火车 [huǒchē] 명 기차 | 读 [dú] 동 읽다 | 曾经 [céngjīng] 부 일찍이 | 春节 [Chūnjié] 명 설 | 情况 [qíngkuàng] 명 상황

01 다음 문장을 큰소리로 말해보고 빈칸을 채우세요.

1 버스를 타고 가야 해요. ➡ 你得_____去。

2 택시를 타고 가야 해요. ➡ 你得_____去。

3 지하철을 타고 가야 해요. ➡ 你得_____去。

4 기차를 타고 가야 해요. ➡ 你得_____去。

5 다시 한 번 말씀해주세요. ➡ 请再说_____。

6 비가 한바탕 쏟아졌어요. ➡ 下了_____雨。

7 한 대 쳤어요. ➡ 打了_____。

8 하루에 세 끼를 먹어요. ➡ 一天吃_____饭。

02 다음 ( ) 안에 들어갈 수 있는 단어를 고르세요. 新HSK

A 往	B 没	C 离	D 又	E 过

1 爷爷（　　）去过德国。

2 网吧（　　）这儿比较远。

3 你们吃（　　）烤鸭吗?

4 （　　）东走就到了。

5 他又漂亮（　　）聪明。

打的 [dǎdí] 통 택시를 타다 | 地铁 [dìtiě] 명 지하철

你过几天再打吧。

麻烦你了。谢谢。

PART 11

전화 걸기, 打电话

패턴회화 01

MP3 202

A 喂，你好! 여보세요!
　 Wéi,　 nǐ　 hǎo!

B 你好，我是马克。请王先生接电话。
　 Nǐ　 hǎo,　 wǒ　 shì　 Mǎkè.　　 Qǐng Wáng xiānsheng jiē　 diànhuà.
　 안녕하세요, 저는 마크라고 합니다. 왕선생님 좀 바꿔주세요.

전화 걸기

패턴회화 새단어

■ 喂 [wèi / wéi] 감 여보세요
■ 马克 [Mǎkè] 고 마크(사람 이름)
■ 接 [jiē] 동 받다, 접수하다
■ 电话 [diànhuà] 명 전화

보충 새단어

□ 打错 [dǎcuò] 동 잘못 걸다
□ 回个电话 [huí ge diànhuà]
　 동 답전화하다
□ 手机 [shǒujī] 명 휴대전화

우리말의 '여보세요?'에 해당하는 말이 喂, 你好? 입니다. 喂는 본래 4성이지만 이렇게 전화를 받을 때나 걸 때는 주로 2성으로 발음합니다.

• 给王先生打电话。
　 Gěi Wáng xiānsheng dǎ diànhuà.
　　　　　　　　　　　　　왕선생님께 전화를 겁니다.

• 喂，你好!
　 Wéi,　 nǐ　 hǎo!
　　　　　　　　　　　　　여보세요!

• 王先生在吗?
　 Wáng xiānsheng zài ma?
　　　　　　　　　　　　　왕선생님 계신가요?

• 不在。
　 Bú　 zài.
　　　　　　　　　　　　　안 계세요.

• 你打错了。
　 Nǐ　 dǎcuò　 le.
　　　　　　　　　　　　　잘못 거셨어요.

• 请王先生接电话。
　 Qǐng Wángxiānsheng jiē diànhuà.
　　　　　　　　　　　　　왕선생님 바꿔주세요.

• 请回个电话。
　 Qǐng huí ge　 diànhuà.
　　　　　　　　　　　　　전화 부탁드립니다.

• 你的手机号码是多少?
　 Nǐ　 de　 shǒujī　 hàomǎ shì duōshao?
　　　　　　　　　　　　　휴대전화 번호가 몇 번이에요?

你的手机号码是多少?

Tip

1은 '야오'
숫자 1은 빠르게 말하거나 전화를 통해 들으면 헷갈리기 쉽습니다. 그래서 숫자를 불러줄 때는 yī가 아닌 yāo라고 합니다.

昨天又去了。 어제 다시 가셨어요.
Zuótiān yòu qù le.

你过几天再打吧。 며칠 후에 다시 걸어주세요.
Nǐ guò jǐ tiān zài dǎ ba.

 패턴회화 새단어

- 几天 [jǐ tiān] 명 며칠

보충 새단어

□ 常常 [chángcháng] 부 늘,
  언제나
□ 受到 [shòudào] 동 ～(을)를
  받다
□ 表扬 [biǎoyáng] 명 칭찬, 표창

'또, 다시'

又와 再는 둘 다 '또'라는 뜻이 있지만, 又는 과거 사실에 대한 반복, 再는 미래 사
실에 대한 반복을 의미하므로 쓰임새에 차이가 있습니다.
가령, 식당에서 시키지도 않은 술이 왔다면 又로 말하지만, 주문을 하고 싶다면 再로
말합니다.

- 又来了一瓶。 또 한 병이 왔네요.
  Yòu lái le yì píng.

- (请)再来一瓶。 한 병 더 가져다 주세요.
  (Qǐng) zài lái yì píng.

又와 再처럼 반복되는 횟수를 말해주는 부사를 빈도부사라고 합니다. '늘 그러함'
을 뜻하는 常常도 자주 쓰이니 알아두세요.

他常常受到表扬。 그는 항상 칭찬을 받습니다.
Tā chángcháng shòudào biǎoyáng.

我们常常打电话。 우리는 자주 전화를 합니다.
Wǒmen chángcháng dǎ diànhuà.

他常常受到表扬。

다음에 또 같이
일해보죠.

我这里突然出了急事， 여기 급한 일이 생겨서 그런데요,
Wǒ zhèli tūrán chū le jíshì,

请告诉我北京的电话号码。 베이징의 전화번호 좀 알려주세요.
qǐng gàosu wǒ Běijīng de diànhuà hàomǎ.

'내가 있는 이곳'

패턴회화 새단어

- 这里 [zhèli] 대 이곳, 여기
- 突然 [tūrán] 부 갑자기
- 出事 [chūshì] 동 사고가 나다
- 告诉 [gàosu] 동 알리다, 말하다
- 号码 [hàomǎ] 명 번호

보충 새단어

- 秋天 [qiūtiān] 명 가을
- 刚刚 [gānggāng] 부 방금, 지금 막
- 晚饭 [wǎnfàn] 명 저녁 식사
- 忽然 [hūrán] 부 갑자기, 돌연

'여기는 비가 오는데, 거긴 어때?'라는 말을 생각해봅시다. 여기란 내가 있는 이곳을 말합니다. 중국어에서는 명사 뒤에 장소를 나타내는 지시대명사를 붙여주면 '그 명사가 있는 곳'이 됩니다. 내가 있는 이곳은 我这里, 네가 있는 그곳은 你那里가 되겠지요.

- 我这里还是秋天。 내가 있는 이곳은 아직 가을이에요.
  Wǒ zhèli háishi qiūtiān.

- 他那里已经开始下雪。 그가 있는 곳은 이미 눈이 내리기 시작했어요.
  Tā nàli yǐjing kāishǐ xià xuě.

시간을 나타내는 부사어

중국어의 특징 중 한 가지는 다양한 부사의 발달입니다. 여기서는 시간을 나타내는 부사에 대해 배워봅시다.

- 餐厅刚刚开门了。 식당이 방금 영업을 시작했다. (지금 막, 방금)
  Cāntīng gānggāng kāimén le.

- 他已经来了。 그는 이미 와 있다. (이미, 벌써)
  Tā yǐjing lái le.

- 他曾经说过了这件事。 그는 예전에 이 일에 관해 얘기한 적이 있다.
  Tā céngjīng shuōguo le zhè jiàn shì. (일찍이, 예전에)

- 忽然下大雨了。 갑자기 소나기가 내리기 시작했다. (돌연, 갑자기)
  Hūrán xià dà yǔ le.

他已经来了。

패턴회화 04

🔊 MP3 205

A 请稍等。他的号码是138……。
　Qǐng shāo děng. Tā de hàomǎ shì yāo sān bā …….
　잠깐만요. 그의 전화번호가 138…….

B 麻烦你了。谢谢。　폐를 끼쳤네요. 고맙습니다.
　Máfan nǐ le. Xièxie.

📖 **패턴회화 새단어**

■ 稍 [shāo] 부 잠시
■ 等 [děng] 동 기다리다
■ 麻烦 [máfan] 동 귀찮게 하다
　　　　　명 성가심, 어려움

✏️ **보충 새단어**

□ 添 [tiān] 동 더하다
□ 遇到 [yùdào] 동 (의외의, 예상
　밖의 상황) 만나다

🔵 **"폐를 끼쳤네요."**

부탁을 할 때는 请您~으로 시작하면 좋습니다. 공손한 어감을 주기 때문이지요.
번거로움을 주어서 미안하다는 뜻을 전할 때는 麻烦을 씁니다.

- 麻烦你了。　　　　　　　귀찮게 해드렸네요.
　Máfan nǐ le.

- 给你添麻烦了。　　　　　귀찮게 해드렸네요.
　Gěi nǐ tiān máfan le.

- 我遇到了些麻烦。　　　　나는 어려움에 좀 처했어요.
　Wǒ yùdào le xiē máfan.

请稍等。
他的电话号码是138……。

안 물어봤거든.

Tip

"조금만 기다리세요."
"조금만 기다리세요."라고 말할 때, 等一下는 일상적인 느낌인 반면 请稍等은 더 친절하고 정중한 느낌을 줍니다. 그래서
안내방송이나 상점에서는 후자의 표현을 주로 씁니다.

전화 걸기, 打电话 MP3 206

A 喂，你好！
　Wéi,　nǐ　hǎo!

B 你好，我是马克。请王先生接电话。
　Nǐ hǎo,　wǒ shì Mǎkè.　Qǐng Wáng xiānsheng jiē diànhuà.

A 他现在不在。有急事去北京了。
　Tā xiànzài bú zài.　Yǒu jíshì　qù Běijīng le.

B 他不是前天刚回来的吗？
　Tā bú shì qiántiān gāng huílai de ma?

A 昨天又去了。你过几天再打吧。
　Zuótiān yòu qù le.　Nǐ guò jǐ tiān zài dǎ ba.

B 我这里突然出了急事，请告诉我北京的电话号码。
　Wǒ zhèli tūrán chū le jíshì,　qǐng gàosu wǒ Běijīng de diànhuà hàomǎ.

A 请稍等。他的号码是138······。
　Qǐng shāo děng. Tā de hàomǎ shì yāo sān bā ······.

B 麻烦你了。谢谢。
　Máfan nǐ le.　Xièxie.

前天 [qiántiān] 명 그제 | 回来 [huílai] 통 돌아오다

126

A : 여보세요!

B : 안녕하세요, 저는 마크라고 합니다. 왕선생님 좀 바꿔주세요.

A : 지금 안 계세요. 급한 일이 있어서 베이징에 가셨어요.

B : 그제 막 돌아오신 것 아닌가요?

A : 어제 다시 가셨어요. 며칠 후에 다시 걸어주세요.

B : 여기 급한 일이 생겨서 그런데요, 베이징의 전화번호 좀 알려주세요.

A : 잠깐만요. 전화번호가 138……

B : 폐를 끼쳤네요. 고맙습니다.

이거 알아?

전화서비스 안내방송

중국은 통신요금이 비교적 비싼 편이라서 저렴한 카드 서비스를 많이 이용합니다. 그런데 중국어로 나오는 안내방송이 어찌나 빠른지 비밀번호를 누르라는 건지, 지역번호를 누르라는 건지 헷갈릴 때가 많습니다. 전화 통화에 관련된 표현들을 미리 알아두면 도움이 되겠지요?

- 正在战线, 请稍后再打。 Zhèngzài zhànxiàn, qǐng shāo hòu zài dǎ.
  지금 통화 중입니다, 잠시 후에 다시 걸어주세요.
- 您拨的电话不在服务区, 请稍后再拨。 Nín bō de diànhuà bú zài fúwùqū, qǐng shāo hòu zài bō.
  지금 거신 번호는 서비스 지역 외에 있습니다. 잠시 후에 다시 걸어주세요.
- 您拨的电话正在通话中。 Nín bō de diànhuà zhèngzài tōnghuà zhōng.
  지금 거신 번호는 현재 통화 중입니다.
- 您拨的电话(是)关机。 Nín bō de diànhuà (shì) guānjī. 지금 거신 전화는 전원이 꺼져 있습니다.
- 电话一直占线。请等一会儿。 Diànhuà yìzhí zhànxiàn. Qǐng děng yíhuìr.
  전화가 계속 통화 중입니다. 잠시만 기다리세요.
- 你的电话接通了。 Nǐ de diànhuà jiētōng le. 전화가 연결되었습니다.
- 有空打手机。 Yǒu kòng dǎ shǒujī. 시간 있으면 휴대전화로 전화해.
- 有空发短信联系联系。 Yǒu kòng fā duǎnxìn liánxì liánxì. 시간 있으면 문자 메시지로 연락하자.
- 请替我向家人问好。 Qǐng tì wǒ xiàng jiārén wènhǎo. 저 대신 가족들에게 안부 전해주세요.

18 부사

중국어는 형태의 변화가 적은 대신 부사가 잘 발달되어 있습니다. 동사와 형용사를 수식하는 부사는 의미에 따라 시간, 정도, 상황, 긍정, 부정의 부사로 나뉩니다.

- 我很喜欢学习汉语。 Wǒ hěn xǐhuan xuéxí Hànyǔ.
  나는 중국어 공부를 매우 좋아합니다. (정도부사)
- 那太好了。 Nà tài hǎo le. 그거 정말 좋습니다. (정도부사)
- 我不认识他。 Wǒ bú rènshi tā. 나는 그를 알지 못합니다. (부정부사)
- 他还没回来。 Tā hái méi huílai. 그는 아직 돌아오지 않았습니다. (부정부사)

동사 앞에 전치사구가 올 때, 부사는 그 앞에 놓입니다.

- 我不跟你说话。 Wǒ bù gēn nǐ shuōhuà. 나는 당신과 말하지 않을 거예요.(부정부사)

동사가 두 개 이상 올 때는 첫째 동사 앞에 옵니다.

- 我没去北京看朋友。 Wǒ méi qù Běijīng kàn péngyou. 나는 베이징에 가서 친구를 만나지 않았다.
- 我不让孩子吃糖。 Wǒ bú ràng háizi chī táng. 나는 아이가 사탕을 먹지 못하도록 했다.

미묘한 의미상의 차이를 띠는 부사 就와 才는 중국어의 느낌을 이해하는 데 중요한 역할을 합니다. 둘 다 시간을 나타내는데, 就는 '시간이 이르다'라는 의미가 있고 才는 '시간이 늦다'라는 의미가 있습니다.

- 八点上课，他六点半就来了。 Bā diǎn shàngkè, tā liù diǎn bàn jiù lái le.
  여덟 시 수업인데, 그는 여섯 시 반에 왔다. (일찍 왔다.)
- 八点上课，他八点半才来。 Bā diǎn shàngkè, tā bā diǎn bàn cái lái.
  여덟 시 수업인데, 그는 여덟 시 반에서야 왔다. (너무 늦게 왔다.)

让 [ràng] 동 ~에게 …을 시키다

01 다음 대화를 완성해보세요.

1 이강 : 여보세요! 미나 있나요?　　　　喂，你好！美娜_____？

2 미나 : 전데요. 누구……?　　　　_____。你是……？

3 이강 : 안녕, 나 같은 반 친구 이강이야.　　　　你好，我是李强，_____。

4 미나 : 안녕, 무슨 일이야?　　　　你好，_____？

5 이강 : 숙제 좀 알려줄래.　　　　请你告诉我_____。

6 미나 : 내일 숙제는 없고, 받아쓰기 시험이 있어.　　　　明天没有作业，只有_____。

7 이강 : 알았어, 고마워, 내일 보자.　　　　知道了，_____，_____。

02 다음 (　) 안에 들어갈 수 있는 단어를 고르세요. 新HSK

> A 麻烦　　　B 打　　　C 这里　　　D 电话　　　E 接

1 我（　　）还是秋天。

2 请王先生（　　）电话。

3 您拨的（　　）是关机。

4 你（　　）错了。

5 给你添（　　）了。

听写 [tīngxiě] 명 받아쓰기 | 替 [tì] 동 대신하다 | 问好 [wènhǎo] 동 안부를 묻다 | 拨 [bō] 동 (전화 다이얼을) 돌리다 | 关机 [guānjī] 동 전원이 꺼지다

PART 12

과거 시제, 吃了没有?

패턴회화 01

🎧 MP3 208

A 你吃午饭了没有?　　점심 식사 하셨어요?
　　Nǐ chī wǔfàn le méiyǒu?

B 我跟马丽一起吃了。　　마리와 함께 먹었어요.
　　Wǒ gēn Mǎlì yìqǐ chī le.

 패턴회화 새단어

■ 吃 [chī] 동 먹다
■ 午饭 [wǔfàn] 명 점심 식사
■ 跟 [gēn] 전 ~와 (함께) 접 ~와
■ 马丽 [Mǎlì] 고 마리(사람 이름)
■ 一起 [yìqǐ] 부 같이, 함께

✏️ **보충 새단어**

□ 亮 [liàng] 형 밝다

● 동태조사 了 : 과거

동사 뒤에 了를 붙이면 동작이 완료되었음을 의미합니다. 우리말로 옮길 때는 '~했다'는 과거시제가 자연스럽습니다.

● 天亮了。
　　Tiān liàng le.

날이 밝았네요. (아침이 되었다.)

● 我已经看了。
　　Wǒ yǐjing kàn le.

나는 이미 봤어요.

뒤에 목적어가 올 때는 목적어에 수량사나 수식어를 동반합니다.

● 我看了那部电影。
　　Wǒ kàn le nà bù diànyǐng.

나는 그 영화를 보았다.

부정할 때는 동사 앞에 没(有)를 쓰고 了는 생략합니다.

● 我没看那部电影。
　　Wǒ méi kàn nà bù diànyǐng.

나는 그 영화를 보지 않았다.

我已经看了。

영화 볼 사람~

我没看那部电影。

132

패턴회화

02

MP3 209

A 今天下课以后你干什么?
Jīntiān xiàkè yǐhòu nǐ gàn shénme?
오늘 방과 후에 무엇을 하나요?

B 下了课, 我就去踢足球。
Xià le kè, wǒ jiù qù tī zúqiú.
수업이 끝나면 바로 축구하러 가요.

📖 **패턴회화 새단어**

- 下课 [xiàkè] 통 수업을 마치다
- 以后 [yǐhòu] 명 이후
- 踢 [tī] 통 차다
- 足球 [zúqiú] 명 축구

✏️ **보충 새단어**

- 做运动 [zuò yùndòng] 통 운동을 하다
- 当 [dāng] 명 ~이 되다
- 春天 [chūntiān] 명 봄

🔵 동태조사 了 : 미래

了는 '동작의 완료 상황'을 나타낼 뿐, 꼭 과거 시제에만 쓰이지는 않습니다. 미래 시점에서도 동작이 완료됨을 나타낼 수 있습니다. A了, 就B는 'A를 (완료)하면, 곧 B하다'의 의미로 자주 쓰이는 구문입니다.

- 吃了饭, 我们就去做运动。
  Chī le fàn, wǒmen jiù qù zuò yùndòng.
  밥 먹고 나서 곧 운동하러 갑니다.

- 放了假, 他们就要去旅行。
  Fàng le jià, tāmen jiù yào qù lǚxíng.
  방학을 하자마자, 그들은 바로 여행을 갈 거예요.

- 要是我当了老师, 妈妈一定会很高兴。
  Yàoshi wǒ dāng le lǎoshī, māma yídìng huì hěn gāoxìng.
  내가 만약 선생님이 된다면 어머니께선 반드시 기뻐하실 거야.

곧 발생할 예정된 사건에 대해 말할 때는 快要……了 구문을 씁니다. 이때 要는 생략할 수 있습니다.

- 生日快要到了。
  Shēngrì kuàiyào dào le.
  곧 생일이 됩니다.

- 春天快到了。
  Chūntiān kuài dào le.
  곧 봄이 올 겁니다.

今天下课以后
你干什么?

下了课,
我就去踢足球。

패턴회화 **03**

MP3 210

A 我觉得你喜欢做运动。 운동을 좋아하나 봐요.
　 Wǒ juéde nǐ xǐhuan zuò yùndòng.

B 那当然了。世界杯足球比赛每场我都看了。
　 Nà dāngrán le. Shìjièbēi zúqiú bǐsài měi chǎng wǒ dōu kàn le.
　 그야 당연하죠. 월드컵 경기는 매번 다 봤어요.

📖 패턴회화 새단어

- 觉得 [juéde] 동 ~라고 생각하다
- 喜欢 [xǐhuan] 동 좋아하다
- 运动 [yùndòng] 명 운동
- 世界杯 [shìjièbēi] 명 월드컵
- 每 [měi] 대 매, ~마다
- 场 [chǎng] 양 (체육 등의 활동을 세는 단위) 회, 차
- 比赛 [bǐsài] 명 경기

✏️ 보충 새단어

- 胖 [pàng] 형 뚱뚱하다
- 极 [jí] 부 몹시, 극히

○ "제 생각에는……"

"(내 생각에는) 그런 것 같아요."라고 부드럽게 자기 의견을 말할 때는 我觉得라는 표현을 사용합니다.

- 我觉得有点儿胖。 　　　　　 내 생각에 조금 뚱뚱한 것 같아요.
　 Wǒ juéde yǒudiǎnr pàng.

○ 了의 상용 구문

- 太好了。 　　　　　　　 정말 잘됐네요. (형용사의 정도를 강조)
　 Tài hǎo le.

- 这个好看极了。 　　　　 이건 무척 예쁜데요. (형용사의 정도를 강조)
　 Zhège hǎokàn jíle.

- 我不吃了。 　　　　　　 그만 먹겠어요. (더이상 ~하지 않다)
　 Wǒ bù chī le.

- 他不来了。 　　　　　　 그는 더이상 오지 않아요. (더이상 ~하지 않다)
　 Tā bù lái le.

那当然了。
我觉得你喜欢做运动。

Tip

친구들 사이에서 편하게 쓰는 말들

当然。 Dāngrán. 당연하지.
算了吧。 Suàn le ba. 됐거든(그만 두자).
别开玩笑。 Bié kāi wánxiào. 농담 마.
都是你不好。 Dōu shì nǐ bù hǎo. 다 너 때문이야.
我请客。 Wǒ qǐngkè. 내가 한턱낼게.

加油！ Jiāyóu! 파이팅!
真棒。 Zhēn bàng. 진짜 잘한다(끝내주네).
好主意。 Hǎo zhǔyi. 좋은 생각이야.
对你没有意思。 Duì nǐ méiyǒu yìsi. 네게 관심 없어.

패턴회화 04

MP3 211

真让人羡慕。 정말 부러워요.
Zhēn ràng rén xiànmù.

昨天我特别忙，没看那场比赛。
Zuótiān wǒ tèbié máng, méi kàn nà chǎng bǐsài.
전 어제 너무 바빠서 그 경기를 못 봤어요.

📖 **패턴회화 새단어**

■ 真 [zhēn] 부 정말, 무척
■ 让 [ràng] 동 ~를 …하게 하다
■ 羡慕 [xiànmù] 동 부러워하다
■ 特別 [tèbié] 부 특별히
■ 忙 [máng] 형 바쁘다

✏️ **보충 새단어**

□ 害怕 [hàipà] 동 무서워하다
□ 心痛 [xīntòng] 동 슬프다
□ 害羞 [hàixiū] 동 부끄럽다
□ 失望 [shīwàng] 동 실망하다

🔘 **"정말 부러워요."**

"좋겠다", "부러워", "쑥스럽군" 등 자기 마음의 감정을 표현할 때, 真让人~을 이용하면 한결 부드럽습니다.

让은 '사람을 ~하게 만들다'라는 사역의 의미가 있지만, 우리말로 해석할 때는 능동으로 하는 것이 자연스럽습니다. 그러니 '나를 왜 이렇게 ~하게 하니?' 하는 식의 힐책으로 풀이하지 않도록 주의합니다.

- 真让人羡慕。　　정말 부럽다.
  Zhēn ràng rén xiànmù.

- 真让人害怕。　　너무 무서워.
  Zhēn ràng rén hàipà.

- 真让人心痛。　　마음이 아파요.
  Zhēn ràng rén xīntòng.

- 真让人害羞。　　이거 참 쑥스럽구만.
  Zhēn ràng rén hàixiū.

- 真让人失望。　　실망이야 정말.
  Zhēn ràng rén shīwàng.

- 真让人生气。　　정말 화가 나.
  Zhēn ràng rén shēngqì.

真让人害羞。 真让人失望。

A 你吃午饭了没有?
Nǐ chī wǔfàn le méiyǒu?

B 我跟马丽一起吃了。
Wǒ gēn Mǎlì yìqǐ chī le.

A 今天下课以后你干什么?
Jīntiān xiàkè yǐhòu nǐ gàn shénme?

B 下了课，我就去踢足球。
Xià le kè, wǒ jiù qù tī zúqiú.

A 我觉得你喜欢做运动。
Wǒ juéde nǐ xǐhuan zuò yùndòng.

B 是的。什么运动我都喜欢，特别是足球。
Shì de. Shénme yùndòng wǒ dōu xǐhuan, tèbié shì zúqiú.

A 我是足球迷。你看了昨天的足球比赛吗?
Wǒ shì zúqiú mí. Nǐ kàn le zuótiān de zúqiú bǐsài ma?

B 那当然了。世界杯足球比赛每场我都看了。
Nà dāngrán le. Shìjièbēi zúqiú bǐsài měi chǎng wǒ dōu kàn le.

A 真让人羡慕。昨天我特别忙，没看那场比赛。
Zhēn ràng rén xiànmù. Zuótiān wǒ tèbié máng, méi kàn nà chǎng bǐsài.

迷 [mí] 명 애호가, ~광

136

A : 점심 식사 하셨어요?

B : 마리와 함께 먹었어요.

A : 오늘 방과 후에 무엇을 하나요?

B : 수업이 끝나면, 바로 축구하러 가요.

A : 운동을 좋아하나 봐요.

B : 그래요. 모든 운동을 좋아하는데, 특히 축구를 좋아해요.

A : 저는 축구 매니아예요. 어제 축구 경기 봤어요?

B : 그야 당연하죠. 월드컵 경기는 매번 다 봤어요.

A : 정말 부러워요. 전 어제 너무 바빠서 그 경기를 못 봤어요.

이거 알아?

매니아, 迷

월드컵(世界杯 Shìjièbēi) 때마다 중국의 축구팬들은 한국을 무척 부러워합니다. 중국팀은 왜 아시아의 오랜 강호이자 이젠 세계 무대에서도 뒤지지 않는 한국팀처럼 못하냐는 것이지요. 한국과의 매치 경기는 늘 진다는 징크스 때문에 恐韩症 kǒnghánzhèng이라는 말이 있을 정도입니다.

이렇게 축구나 야구 등 구기종목에 대한 팬을 球迷 qiúmí라고 합니다. 迷는 한 분야에 매료되어 있는 팬, 매니아를 말합니다. 书迷 shūmí는 독서광, 星迷 xīngmí는 스타(明星)를 좋아하는 팬, 游戏迷 yóuxìmí는 게임 매니아가 되겠네요.

19 동태조사 了

了는 동작을 나타내는 동사 뒤에 쓰여서 동작의 완료를 나타냅니다. 우리말로는 흔히 '~했다'는 과거로 해석되기 때문에 과거 시제라고 생각하기 쉬운데, 시제에 관계 없이 완료 동작이면 사용이 가능합니다.

- 他们走了吗? Tāmen zǒu le ma? 그들은 갔습니까?

了는 동사 뒤에 오거나 문장의 맨 끝에 옵니다. 了 뒤에 목적어가 올 경우에는, 불특정한 대상이 아닌 구체적인 수량이나 수식어가 동반되어야 합니다.

- 我写了那个字。 Wǒ xiě le nàge zì. 내가 그 글자를 썼습니다.
- 我写了字。(×)

부정할 때는 동사 앞에 没(有)를 쓰고 了는 생략합니다.

- 他没来。 Tā méi lái. 그는 오지 않았다.
- 我没写那个字。 Wǒ méi xiě nàge zì. 나는 그 글자를 쓰지 않았습니다.

참고 ※ 변화를 나타내는 了

下雨了 Xiàyǔ le는 어떻게 풀이될까요? '비가 왔다'는 완료(과거)로 볼 수도 있지만 '(비가 안 오다가 좀전에) 내리기 시작했다'는 의미도 가능합니다. 문장의 끝에 오는 了 중에는 완료의 了 외에 변화의 了도 있기 때문입니다.

- 花红。 Huā hóng. 꽃이 붉다.(상황 묘사)
- 花红了。 Huā hóng le. 꽃이 붉어졌다.(예전에는 붉지 않았다)
- 他有工作。 Tā yǒu gōngzuò. 그는 일이 있다.(상황 묘사)
- 现在他有工作了。 Xiànzài tā yǒu gōngzuò le.
  지금 그는 일을 하고 있다.(예전에는 일이 없었다)

여기서는 변화의 了가 있다는 정도만 알고 넘어가도 좋습니다.

01 밑줄 친 곳에 알맞은 문장을 써넣으세요.

1 A 他放了假就来看我。

   B (정말 부럽다.) _____ 。

   他是你的男朋友不是?

2 A (농담하지 마.) _____ 。

   我们只是好朋友。

3 B (내 생각에는) _____

   他对你有意思。 你呢?

4 A (됐거든.) _____ 。

02 다음 ( ) 안에 들어갈 수 있는 단어를 고르세요. 新HSK

A 了	B 没	C 碗	D 跟	E 要

1 快 ( ) 放学了。

2 小张吃了五 ( ) 饭。

3 我 ( ) 生你的气。

4 你打 ( ) 鼓没有?

5 我 ( ) 马丽一起吃了。

碗 [wǎn] 명 공기, 그릇 | 打鼓 [dǎ gǔ] 통 북을 치다

PART 13

결과보어, 准备好了

패턴회화 **01**

MP3 214

A 你终于来了! 마침내 오셨네요!
　Nǐ zhōngyú lái le!

B 对不起, 我有事来晚了。
　Duìbuqǐ, wǒ yǒu shì láiwǎn le.
　미안해요, 일이 있어서 늦었어요.

📖 패턴회화 새단어

■ 终于 [zhōngyú] 부 마침내, 결국
■ 对不起 [duìbuqǐ] 미안합니다
■ 晚 [wǎn] 형 늦다

✏️ 보충 새단어

□ 铅笔 [qiānbǐ] 명 연필
□ 准备 [zhǔnbèi] 동 준비하다

결과보어

중국어의 가장 기본이 되는 구조는 '주어 + 동사 + (목적어)'라고 했습니다. 그래서 단어만 대입하면 서툴게나마 의사소통에는 문제가 없습니다. 그렇지만 계속 단답형 대화로만 그칠 뿐, 원어민처럼 세련된 언어를 구사하기에는 역부족이지요.

중국어를 세련되게 만들어주는 대표적인 성분이 부사와 보어입니다. 그 중 동사 뒤에서 동사의 내용을 보충해주는 성분을 '보어'라고 합니다. 이 보어에도 여러 가지가 있는데, 동작(이 의도했던 바)의 결과'를 나타내는 보어를 결과 보어라고 합니다.

가령 '연필을 찾았다'고 말하면 찾는 중이었는지 찾아냈는지 명확하지 않습니다. 하지만 결과 보어를 사용해 '연필을 찾아냈다'고 말함으로써 이런 차이를 명쾌하게 알려줍니다.

• 找了铅笔。　　　　연필을 찾았다. (찾는 행위를 했으나 찾았는지 못 찾았는지는 알 수 없다.)
　Zhǎo le qiānbǐ.

• 找到了铅笔。　　　연필을 찾았다. (찾는 행위를 한 결과 찾아냈다.)
　Zhǎodào le qiānbǐ.

• 我们准备了。　　　저희들 준비했어요. (준비가 잘되었는지 미흡한지는 모른다.)
　Wǒmen zhǔnbèi le.

• 我们准备好了。　　저희들 준비 잘했어요. (준비가 흡족하게 되었다.)
　Wǒmen zhǔnbèi hǎo le.

我们准备好了。

终于来了!

패턴회화 **02**

MP3 215

你是坐地铁来的吗? 지하철 타고 왔어요?
Nǐ shì zuò dìtiě lái de ma?

📖 **패턴회화 새단어**

■ 地铁 [dìtiě] 명 지하철

✏️ **보충 새단어**

□ 骑 [qí] 동 타다
□ 自行车 [zìxíngchē] 명 자전거
□ 去年 [qùnián] 명 작년, 지난해
□ 开映 [kāiyìng] 동 영화를 개봉하다

완료 동작의 강조

이미 완료된 과거 사실은 了를 써서 나타냅니다. 그런데 과거에 일이 발생한 시간, 장소, 방식을 강조할 때는 어떻게 할까요? 是+A+的 구문을 통해 A가 완료되었음을 강조할 수 있습니다. 이때 了는 쓰지 않습니다.

- **他昨天去了中国。**
  Tā zuótiān qù le Zhōngguó.

  그는 어제 중국에 갔어요.

- **他(是)昨天去的中国。**
  Tā (shì) zuótiān qù de Zhōngguó.

  그가 중국에 간 것은 어제예요.

- **他是昨天去中国的。**
  Tā shì zuótiān qù Zhōngguó de.

  그가 중국에 간 것은 어제예요.

是는 생략도 가능하지만, 부정문으로 쓸 때는 반드시 不是가 필요합니다.

- **这部电影去年开映的。**
  Zhè bù diànyǐng qùnián kāiyìng de.

  이 영화는 작년에 개봉한 것입니다.

- **我不是来留学的，是来工作的。**
  Wǒ bú shì lái liúxué de, shì lái gōngzuò de.

  저는 유학하러 온 것이 아니라, 일하러 왔습니다.

목적어는 的의 앞뒤에 자유롭게 쓰이는데, 인칭대명사 목적어는 的의 앞에 쓰일 때가 많습니다.

我不是来留学的,
是来工作的。

- **我是昨天到的这儿。**
  Wǒ shì zuótiān dào de zhèr.

  저는 어제 여기에 도착했습니다.

- **大哥是早上告诉我的。**
  Dàgē shì zǎoshang gàosu wǒ de.

  큰형이 아침에 내게 알려주었어요.

패턴회화 **03**

불是，我骑自行车来的。
Bú shì, wǒ qí zìxíngchē lái de.
아니요, 자전거를 타고 왔어요.

MP3 216

坐와 骑

패턴회화 새단어
- 骑 [qí] 동 타다
- 自行车 [zìxíngchē] 명 자전거

보충 새단어
- 出租车 [chūzūchē] 명 택시
- 船 [chuán] 명 배, 선박
- 摩托车 [mótuōchē] 명 오토바이

둘 다 교통수단을 이용함을 나타내는데, 쓰임새에 약간의 차이가 있습니다.
坐는 버스나 비행기 등의 좌석이 있는 대형 운송수단을 이용할 때 쓰입니다.

- 坐公共汽车。　　　버스를 타다.
  Zuò gōnggòngqìchē.

- 坐出租车。= 打的。　택시를 타다.
  Zuò chūzūchē.　Dǎ dí.

- 坐地铁。　　　　　지하철을 타다.
  Zuò dìtiě.

- 坐火车。　　　　　기차를 타다.
  Zuò huǒchē.

- 坐飞机。　　　　　비행기를 타다.
  Zuò fēijī.

- 坐船。　　　　　　배를 타다.
  Zuò chuán.

骑는 말이나 자전거처럼 올라타야 하는 교통수단에 주로 쓰입니다.

- 骑马。　　　　　　말을 타다.
  Qí mǎ.

- 骑自行车。　　　　자전거를 타다.
  Qí zìxíngchē.

- 骑摩托车。　　　　오토바이를 타다.
  Qí mótuōchē.

不是,
我坐飞机来的。

패턴회화 04

MP3 217

A 我觉得旗袍或者扇子最好。
Wǒ juéde qípáo huòzhě shànzi zuì hǎo.
제 생각엔 치파오나 부채가 가장 좋을 것 같아요.

B 好主意。 좋은 생각이에요.
Hǎo zhǔyi.

'A 혹은 B'

📖 **패턴회화 새단어**

- 旗袍 [qípáo] 몡 중국 여성들이 입는 전통 치마
- 或者 [huòzhě] 쩝 혹은, 또는
- 扇子 [shànzi] 몡 부채

"날이 흐린가요, 맑은가요? 是阴天还是晴天?"이라는 표현에서는 还是가 양자택일의 '혹은'이라는 뜻으로 쓰인다고 앞에서 배웠습니다. 或者 역시 같은 뜻이지만 쓰임새가 다르니 잘 구분해두세요.

还是는 의문문에 쓰이고 或者는 평서문에 쓰입니다.

- 我想买自行车或者摩托车。
  Wǒ xiǎng mǎi zìxíngchē huòzhě mótuōchē.
  자전거나 오토바이 중 하나를 살 생각이에요.

- 你想买自行车还是摩托车?
  Nǐ xiǎng mǎi zìxíngchē háishi mótuōchē?
  자전거를 살 건가요, 오토바이를 살 건가요?

好注意。

뽀뽀쓩H!
뽀뽀쓩H!

Tip

主意와 注意

主意는 명사로 '생각, 발상'을 뜻하고 注意는 동사로 '집중하다, 조심하다'를 의미합니다.
好主意! Hǎo zhǔyi! 좋은 생각이야 (굿 아이디어)!
注意身体健康! Zhùyì shēntǐ jiànkāng! 건강에 신경쓰세요!

결과보어, 准备好了

A 你终于来了。
　　Nǐ zhōngyú lái le.

B 对不起，我有事来晚了。
　　Duìbuqǐ, wǒ yǒu shì láiwǎn le.

A 没关系。你是坐地铁来的吗?
　　Méi guānxi. Nǐ shì zuò dìtiě lái de ma?

B 不是，我骑自行车来的。
　　Bú shì, wǒ qí zìxíngchē lái de.

A 明天我们回国。你知道吗?
　　Míngtiān wǒmen huíguó. Nǐ zhīdao ma?

B 知道。是英爱早上告诉我的。
　　Zhīdao. Shì Yīng'ài zǎoshang gàosu wǒ de.

　　你们准备好了吗?
　　Nǐmen zhǔnbèi hǎo le ma?

A 没有。我还没买好家人的礼物。
　　Méiyǒu. Wǒ hái méi mǎihǎo jiārén de lǐwù.

　　请你帮帮我，好吗?
　　Qǐng nǐ bāngbang wǒ, hǎo ma?

B 当然可以。我觉得旗袍或者扇子最好。
　　Dāngrán kěyǐ. Wǒ juéde qípáo huòzhě shànzi zuì hǎo.

A 好主意。那些东西有中国味儿。
　　Hǎo zhǔyi. Nàxiē dōngxi yǒu Zhōngguó wèir.

回国 [huíguó] 통 귀국하다 | 知道 [zhīdao] 통 알다 | 早上 [zǎoshang] 명 아침 | 准备 [zhǔnbèi] 통 준비하다 | 买 [mǎi]
통 사다 | 礼物 [lǐwù] 명 선물 | 帮 [bāng] 통 돕다 | 那些 [nàxiē] 대 그것들 | 东西 [dōngxi] 명 물건 | 味儿 [wèir] 명 맛, 흥
취, 느낌

A : 마침내 오셨네요.

B : 미안해요. 일이 있어서 늦었어요.

A : 괜찮아요. 지하철 타고 왔나요?

B : 아니요, 자전거를 타고 왔어요.

A : 우린 내일 귀국해요. 알고 있어요?

B : 알아요. 영애가 아침에 알려줬어요. 준비는 다 됐나요?

A : 아니요, 아직 식구들 선물을 못 샀어요. 저 좀 도와주실래요?

B : 그럼요. 제 생각엔 치파오나 부채가 가장 좋을 것 같아요.

A : 좋은 생각이에요. 그 물건들은 중국적인 특색이 있지요.

이거 알아?

중국의 8대 명주

약주를 좋아하는 어른들께는 중국의 전통주도 좋은 선물이 됩니다. 빠이지우(白酒)라 불리는 증류주는 소주랑 비슷하겠다 싶지만, 독특한 향이 있습니다. 또한, 소주보다는 도수가 훨씬 높으므로 과음은 절대 금물입니다. 요새는 순한 술을 선호하는 시류에 맞추어 저도수의 전통주들이 개발되어 나오고 있긴 하지만 중국에선 아직도 50도 이상이 대세인 듯합니다.

마오타이지우(茅台酒)는 최고급 술로 덩샤오핑이 즐겨 마셨다고 합니다. 닉슨 대통령이 중국 방문 때 마시고 감탄했다는 일화로 더 유명해진 마오타이주는 도수가 53도입니다. 중국에서는 최고급 술일수록 믿을 수 있는 곳에서 구입해야지, 그렇지 않으면 가짜에 속기 쉬우므로 주의해야 합니다.

펀지우(汾酒)는 유명한 음주 시인 이백이 꼭 챙겨 다닐 정도로 좋아했다는 술로, 53도, 65도수가 있습니다. 주이에칭지우(竹叶青酒)는 수수를 주 원료로 10여 가지의 천연 약재를 첨가해서 만듭니다. 숙취 등의 부작용이 전혀 없는데다, 기를 충족시키고 혈액 순환까지 도와준다고 하네요.

여기에 우량이에(五粮液), 양허따취(洋河大曲), 루지우터취(芦酒特曲), 꾸징꽁지우(古井贡酒), 뚱지우(董酒)까지를 중국의 8대 명주라 부릅니다.

20 결과보어

동사 뒤에서 동사의 내용을 보충해주는 '보어'에도 정도, 가능, 결과, 시량, 동량 등등 여러 가지 종류가 있습니다. 그 중에서 결과보어는 '동작(이 의도했던 바)의 결과'를 표시해줍니다. 결과보어는 동사에 꼭 붙어서 쓰기 때문에, 了 등의 조사나 목적어 등의 기타 성분은 모두 동사 뒤가 아닌 결과보어 뒤에 와야 합니다.

- 我学到第十五课了。 나는 (1과부터 공부해서) 15과까지 배웠다.
  Wǒ xuédào dì shíwǔ kè le. 어느 수준에 이르다, 일정 목적을 이루다

- 他听懂了老师说的话。 그는 선생님 말씀을 알아들었다. (듣고 이해할 수 있다.)
  Tā tīngdǒng le lǎoshī shuō de huà. 이해하다, 알다

- 准备好了吗? 준비 다 됐나요?
  Zhǔnbèi hǎo le ma? 잘되다, 다 되다

- 我看完了这本书。 나는 이 책을 (끝까지) 다 읽었어요.
  Wǒ kànwán le zhè běn shū. 완성하다, 끝내다

- 说清楚。 분명하게 말하세요.
  Shuō qīngchu. 분명하다

- 猜对了。 바로 맞혔어요.
  Cāiduì le. 맞다, 적중하다

- 我吃光了。 다 먹어버렸어요.
  Wǒ chīguāng le. 조금도 남지 않다

- 洗干净。 깨끗이 씻으렴.
  Xǐ gānjìng. 깨끗하다

부정문은 술어 앞에 没(有)를 쓰고 了는 생략합니다.

- 我没看见他。 Wǒ méi kànjiàn tā. 나는 그를 못 봤어요.
- 我没看完那本书。 Wǒ méi kànwán nà běn shū. 나는 그 책을 끝까지 읽지 못했다.

정반의문문은 두 가지 형태로 말할 수 있습니다.

- 你看完没看完? Nǐ kànwán méi kànwán? 다 봤어요?
  你看完了没有? Nǐ kànwán le méiyǒu? 다 봤어요?

第 [dì] 접두 제~ | 课 [kè] 명,양 과(교재의 단락) | 汉字 [Hànzì] 명 한자 | 清楚 [qīngchu] 형 분명하다 | 猜 [cāi] 동 추측하다, 알아맞히다

01 주어진 뜻에 맞게 적당한 결과보어를 빈칸에 써보세요.

1 씻다　　洗　➡　깨끗이 씻다.　　_____。

2 듣다　　听　➡　잘못 듣다.　　_____。

3 고치다　修　➡　잘 고치다.　　_____。

4 짐작하다　猜　➡　짐작이 맞다.　_____。

5 말하다　说　➡　또박또박 말하다.　_____。

6 보다　　看　➡　보고 이해하다.　_____。

7 처리하다　办　➡　잘 처리하다.　_____。

8 읽다　　读　➡　다 읽다.　　_____。

02 다음 ( ) 안에 들어갈 수 있는 단어를 고르세요. 新HSK

> A 是　　　B 好　　　C 的　　　D 对　　　E 骑

1 我（　　）从上海来的。

2 金小姐会（　　）马。

3 猜（　　）了。

4 我的摩托车修（　　）了。

5 我是打（　　）来的。

打的 [dǎdì] 동 택시를 타다

PART 14

상황 묻기, 过得怎么样?

星期天我们一起打高尔夫球，好不好?

A 这两天过得怎么样? 요 며칠 어떻게 지내셨어요?
　 Zhè liǎng tiān guò de zěnmeyàng?

패턴회화 01

MP3 220

B 过得挺愉快。 즐겁게 지내고 있어요.
　 Guò de tǐng yúkuài.

정도보어

 패턴회화 새단어

■ 愉快 [yúkuài] 형 유쾌하다. 즐겁다

🖊 보충 새단어

□ 奇怪 [qíguài] 형 괴상하다. 이상하다
□ 跑 [pǎo] 동 달리다. 뛰다
□ 快 [kuài] 형 (속도가) 빠르다
□ 起 [qǐ] 동 일어나다
□ 飞 [fēi] 동 날다

de 조사 삼총사, 기억하세요? 똑같이 de로 발음되는 세 가지 조사를 말하는데 명사를 수식하는 的, 술어를 수식하는 地, 그리고 나머지 하나가 오늘 배울 得입니다. 得는 술어의 정도를 보다 구체적으로 명시해주는 '정도보어'를 이끌고, '술어 + 得 + 정도보어'의 형태로 쓰입니다.

● 他很奇怪。　　　　　그는 이상해요. (독특해요)
　 Tā hěn qíguài.

● 他奇怪得很。　　　　그는 무척 독특해요. (독특한 정도가 꽤 돼요)
　 Tā qíguài de hěn.

● 他跑得很快。　　　　그는 빨리 달립니다. (달리는 정도가 빠르다)
　 Tā pǎo de hěn kuài.

● 我每天起得很早。　　나는 매일 일찍 일어납니다. (일어나는 시각이 이르다)
　 Wǒ měitiān qǐ de hěn zǎo.

● 飞机飞得很快。　　　비행기가 빠르게 납니다. (날아가는 정도가 빠르다)
　 Fēijī fēi de hěn kuài.

他跑得很快。

他很奇怪。

Tip

감정(感情 gǎnqíng)의 표현

高兴 gāoxìng 기쁘다	难过 nánguò = 伤心 shāngxīn 슬프다	担心 dānxīn 걱정하다
放心 fàngxīn 안심하다	哭 kū 울다	生气 shēngqì 화내다
笑 xiào 웃다	舒服 shūfu 쾌적하다	痛苦 tòngkǔ 괴롭다

02

星期天我们一起打高尔夫球，好不好?
Xīngqītiān wǒmen yìqǐ dǎ gāo'ěrfūqiú, hǎo bu hǎo?
일요일에 같이 골프 칠래요?

🔘 MP3 221

 패턴회화 새단어

- 星期天 [xīngqītiān] 명 일요일
- 高尔夫球 [gāo'ěrfūqiú] 명 골프

✏️ 보충 새단어

- 棒球 [bàngqiú] 명 야구
- 网球 [wǎngqiú] 명 테니스
- 游泳 [yóuyǒng] 동 수영하다
- 晨练 [chénliàn] 동 아침 운동을 하다
- 滑雪 [huáxuě] 동 스키를 타다
- 滑冰 [huábīng] 동 스케이트를 타다
- 爬山 [páshān] 동 등산하다

🔵 **"운동을 합니다."**

여러분은 어떤 운동을 좋아하세요? 다양한 운동을 말해봅시다.

- 打棒球。
  Dǎ bàngqiú.
  야구를 해요.

- 打网球。
  Dǎ wǎngqiú.
  테니스를 쳐요.

- 打高尔夫球。
  Dǎ gāo'ěrfūqiú.
  골프를 쳐요.

- 踢足球。
  Tī zúqiú.
  축구를 해요.

- 游泳。
  Yóuyǒng.
  수영을 해요.

- 晨练。
  Chénliàn.
  아침 운동을 해요.

- 滑雪。
  Huáxuě.
  스키를 타요.

- 滑冰。
  Huábīng.
  스케이트를 타요.

- 去爬山。
  Qù páshān.
  등산을 가요.

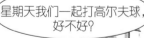

星期天我们一起打高尔夫球，好不好?

03 패턴회화

我来中国已经一年多了。

Wǒ lái Zhōngguó yǐjing yī nián duō le.

제가 중국에 온 지 벌써 1년이 넘었어요.

🔘 MP3 222

보충 새단어

□ 需要 [xūyào] 동 필요하다
□ 前后 [qiánhòu] 명 전후, 쯤

🔵 어림수 말하기

'~남짓, ~여' 등처럼 어림수를 나타내는 몇 가지 방법을 소개합니다.
우선 '서넛' '예닐곱'처럼 두 숫자를 이어서 씁니다.

- **他今年大概六七岁。**
  Tā jīnnián dàgài liù qī suì.

  그는 올해 대략 6, 7세쯤 되었다.

- **需要三四天。**
  Xūyào sān sì tiān.

  삼사일 걸려요.

숫자 뒤에 来, 多, 左右, 前后를 쓸 수도 있습니다.

- **一年左右**
  yī nián zuǒyòu

  일 년 가량

- **春节前后**
  chūnjié qiánhòu

  설날 즈음에

- **十多个人**
  shí duō ge rén

  십여 명

- **三十来岁**
  sān shí lái suì

  서른 살 가량

- **一个多月**
  yí ge duō yuè

  일 개월여

- **四里来路**
  sì lǐ lái lù

  4리 정도의 길

이거 만드는 데 며칠 걸려?

需要三四天。

패턴회화 **04**

💿 MP3 223

A 常来打扰您，真不好意思。
Cháng lái dǎrǎo nín, zhēn bù hǎoyìsi.
자주 와서 귀찮게 굴어서, 정말 죄송해요.

B 哪儿的话。祝你一路平安。
Nǎr de huà. Zhù nǐ yílù píng'ān.
무슨 말씀을요. 편히 돌아가세요.

📖 **패턴회화 새단어**

■ **常** [cháng] 부 자주, 늘

■ **打扰** [dǎrǎo] 동 (남의 일을) 방해하다

■ **不好意思** [bù hǎoyìsi] 부끄럽다, 쑥스럽다

■ **祝** [zhù] 동 빌다, 축원하다

■ **一路平安** [yílù píng'ān] 가시는 길에 평안하시길 빕니다

✏️ **보충 새단어**

□ **一切** [yíqiè] 형 일체의

□ **顺利** [shùnlì] 형 순조롭다

□ **一路** [yílù] 명 도중

□ **顺风** [shùnfēng] 동 바람 방향을 따르다

□ **成功** [chénggōng] 동 성공하다

□ **好运** [hǎoyùn] 명 행운

□ **恭喜** [gōngxǐ] 동 축하하다

🔵 **"편히 돌아가세요."**

때로는 생각지도 못했던 위로나 칭찬, 덕담 한마디가 큰 힘이 되기도 하지요? 여기서는 祝你一路平安처럼 상대방의 행복을 빌어주는 다양한 표현을 알아봅니다.

● 祝你身体健康！
Zhù nǐ shēntǐ jiànkāng!
건강하세요!

● 祝你一切顺利！
Zhù nǐ yíqiè shùnlì!
다 잘되길 빌게요!

● 祝你一路顺风！
Zhù nǐ yílù shùnfēng!
잘 다녀오세요!

● 祝你成功！
Zhù nǐ chénggōng!
성공하세요!

● 祝你好运！
Zhù nǐ hǎoyùn!
행운을 빌어요!

● 恭喜发财！
Gōngxǐ fācái!
부자 되세요!

祝你好运!

겸양의 표현

미안합니다. 부끄럽습니다.	过意不去。Guòyì búqù.	不好意思。Bù hǎoyìsi.
별 말씀을 다하세요. 천만에요.	哪儿的话。Nǎr de huà.	不要客气。Búyào kèqì.
	何必客气。Hébì kèqì.	太客气。Tài kèqì.
죄송합니다. 양해해주세요.	抱歉。Bàoqiàn.	请你原谅。Qǐng nǐ yuánliàng.
너그럽게 이해해주세요.	请多多原谅。Qǐng duōduō yuánliàng.	

상황 묻기, 过得怎么样?

A 这两天过得怎么样?
　　Zhè liǎng tiān guò de zěnmeyàng?

B 过得挺愉快。
　　Guò de tǐng yúkuài.

　　星期天我们一起打高尔夫球，好不好?
　　Xīngqītiān wǒmen yìqǐ dǎ gāo'ěrfūqiú, hǎo bu hǎo?

A 不行。其实，明天我要回国了。
　　Bùxíng. Qíshí, míngtiān wǒ yào huíguó le.

B 怎么了? 你不是打算在中国学习一年吗?
　　Zěnme le? Nǐ bú shì dǎsuan zài Zhōngguó xuéxí yī nián ma?

A 是呀。我来中国已经一年多了。
　　Shì ya. wǒ lái Zhōngguó yǐjing yī nián duō le.

B 真的吗? 日子过得真快呀。
　　Zhēnde ma? Rìzi guò de zhēn kuài ya.

A 常来打扰您，真不好意思。
　　Cháng lái dǎrǎo nín, zhēn bù hǎoyìsi.

B 哪儿的话。祝你一路平安。
　　Nǎr de huà. Zhù nǐ yílù píng'ān.

不行 [bùxíng] 형 안 된다 | 其实 [qíshí] 부 사실은 | 打算 [dǎsuan] 조동 ~할 작정이다 | 学习 [xuéxí] 동 공부하다 |

呀 [ya] 감 아!, 야! | 真的 [zhēnde] 부 진짜 | 日子 [rìzi] 명 날, 날짜 | 快 [kuài] 형 (속도가) 빠르다

A : 요 며칠 어떻게 지내셨어요?

B : 아주 즐겁게 지내고 있어요.

　　일요일에 같이 골프 칠래요?

A : 안 돼요. 사실은 내일 저 귀국해요.

B : 뭐라고요? 중국에서 일년 공부할 생각이 아니었나요?

A : 맞아요. 제가 중국에 온지 벌써 1년이 넘었어요.

B : 정말? 시간이 진짜 빠르네요.

A : 자주 와서 폐를 끼쳐서 정말 죄송해요.

B : 별말씀을 다하세요. 편히 돌아가세요.

이거 알아?

중국인들의 건강 비결, 차

나무는 고요하고자 하나 바람이 가만히 놓아두질 않는다고 했던가요? 마음을 들여다보고 정신을 맑게 해주는 차가 세계적으로 몰아치는 다이어트 열풍으로 본의 아니게 유명인사가 되어버렸습니다. 기름진 음식을 많이 먹는 중국인들의 건강관리 비결로 꼽히는 차, 그래서인지 중국에서는 공공시설 어디에 가도 끓인 물(开水)을 공급해주는 설비가 갖추어져 있습니다.

중국 차는 발효 정도에 따라 불발효, 반발효, 완전발효로 구분합니다. 불발효는 녹차가 대표적이며 전차, 녹차, 용정차(龙井茶)가 있고, 완전발효차로는 홍차가 있습니다. 반만 발효된 차로는 오룡차(乌龙茶)가 대표적이며, 포종차, 철관음차, 자스민차, 천로차, 보이차 등이 있습니다.

용정차는 짙은 향, 부드러운 맛, 비취 같은 녹색에 참새 혀 모양의 잎새라는 네 가지 특징을 가지고 있어 '4절(四绝)'이라 호평받고 있습니다. 특히 지방 분해 효과가 뛰어나다고 알려져 있습니다.

오룡차와 많이 헷갈리는 보이차(普洱茶)는 윈난 성의 푸얼 지방에서 출하됩니다. 맛이 아주 진하며 자극성이 강한데, 떫은 맛은 없고 향기가 오래 지속되는 특징이 있습니다.

철관음은 오룡차의 일종으로, '美如观音重似铁(아름답기가 관음보살 같고 무겁기가 철과 같다)'는 이름의 뜻풀이가 재미있습니다. 소화를 도와주고 빈혈과 저혈압에 좋다고 합니다.

21 정도보어

술어의 정도가 어떠한지를 구체적으로 알려주는 보어가 '정도보어'입니다. '술어 + 得 + 정도보어'의 형태로 쓰여서 무조건 술어 뒤에 오기 때문에, 목적어가 따라붙을 경우 목적어를 술어 앞으로 보내거나 술어를 반복시킵니다.

- 他吃得很快。 Tā chī de hěn kuài. 그는 밥을 빨리 먹는다.
  = 他饭吃得很快。 Tā fàn chī de hěn kuài.
  = 他吃饭吃得很快。 Tā chīfàn chī de hěn kuài.

부정의 不는 得의 뒤에 따라붙습니다.

- 哥哥说得很对。 Gēge shuō de hěn duì. 오빠 말이 옳아요.
- 哥哥说得不对。 Gēge shuō de bú duì. 오빠 말은 틀려요.

의문문은 문장의 맨 끝에 吗를 붙이거나 정도보어를 정반의문문으로 만듭니다.

- 哥哥说得对吗? Gēge shuō de duì ma? 오빠 말이 옳은가요?
  = 哥哥说得对不对? Gēge shuō de duì bu duì? 오빠 말이 맞나요?
- 哥哥说得不对吗? Gēge shuō de bú duì ma? 오빠 말이 틀린가요?

정도보어는 대부분 형용사이지만 긴 문장이 올 수도 있습니다.

- 屋子大得能住十二个人。 Wūzi dà de néng zhù shí'èr ge rén.
  방 크기가 12명이 살아도 될 정도로 크다.

- 他讲得让大家都笑。 Tā jiǎng de ràng dàjiā dōu xiào.
  그는 모두를 웃게 할 정도로 말을 잘한다.

※ 很, 慌, 要命 등이 정도보어로 쓰이면 '매우'라는 의미로 해석합니다.

- 多得很。 Duō de hěn. 매우 많다.
- 想得很。 Xiǎng de hěn. 매우 그립다.
- 热得要命。 Rè de yàomìng. 매우 덥다.
- 累得要命。 Lèi de yàomìng. 매우 힘들다.

屋子 [wūzi] 명 방 | 讲 [jiǎng] 동 말하다 | 笑 [xiào] 동 웃다 | 要命 [yàomìng] 형 심하다, 죽을 지경이다

01 的，地，得 중에서 알맞은 것을 골라 써넣으세요.

❶ 老师热情＿＿＿＿教我们。

❷ 跳舞＿＿＿＿很漂亮。

❸ 他＿＿＿＿跳舞真棒。

❹ 你＿＿＿＿想法很独特。

❺ 你想＿＿＿＿很厉害。

❻ 他努力＿＿＿＿＿工作。

❼ 你得努力＿＿＿＿学习。

❽ 你学习＿＿＿＿很认真。

02 다음 ( ) 안에 들어갈 수 있는 단어를 고르세요. 新HSK

A 得	B 很	C 祝	D 多	E 不

❶ 天气热得（　　）不很?

❷ 已经三十（　　）年了。

❸ 我打得（　　）太好。

❹ 中国发展（　　）真快。

❺ （　　）你一路顺风!

棒 [bàng] 형 훌륭하다, 잘하다 | **想法** [xiǎngfǎ] 명 생각, 의견 | **独特** [dútè] 형 독특하다, 특수하다 | **厉害** [lìhai] 형
대단하다 | **发展** [fāzhǎn] 동 발전하다

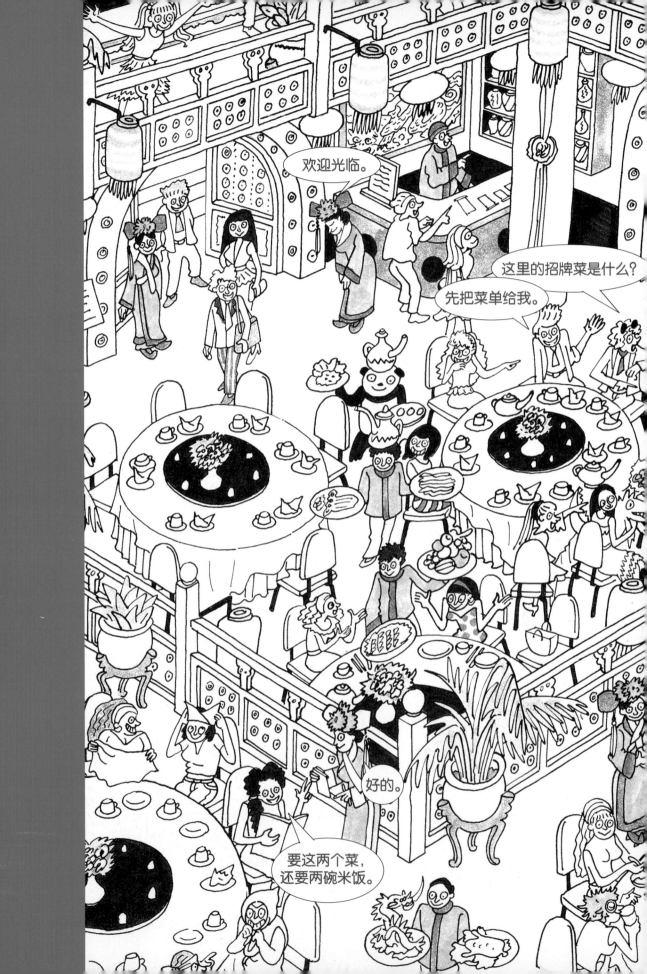

昨天隔壁被盗了。

PART 15

주문하기, 把菜单给我

A 欢迎光临，里边请。
Huānyíng guānglín, lǐbian qǐng.
어서 오세요. 안쪽으로 들어가세요.

B 先把菜单给我。这里的招牌菜是什么?
Xiān bǎ càidān gěi wǒ. Zhèli de zhāopáicài shì shénme?
먼저 메뉴부터 주세요. 여기 잘하는 음식이 뭐죠?

把 구문

패턴회화 새단어

■ 欢迎 [huānyíng] 동 환영하다
■ 光临 [guānglín] 명 왕림, 방문
■ 里边 [lǐbian] 명 안, 내부
■ 先 [xiān] 부 먼저
■ 菜单 [càidān] 명 메뉴, 식단
■ 招牌 [zhāopái] 명 간판, 대표

동사 뒤에 있어야 할 목적어를 동사 앞으로 빼서 말할 때 把 구문을 씁니다. 把 구문은 어떤 사물에 대해 이루어진 동작 그 자체, 혹은 그 결과를 강조할 때 쓰입니다.

• 给我菜单。　　　　　　　　　　메뉴를 주세요.
　Gěi wǒ càidān.

　把菜单给我。
　Bǎ càidān gěi wǒ.

위 두 문장의 의미는 똑같지만 뉘앙스가 다릅니다. 把를 이용해 메뉴가 앞으로 도치되면서 동사가 강조되는 것입니다. 메뉴를 어떻게? '(가져가거나 던져버리거나 새로 쓰는 게 아니라) 내게 건네주세요.'라는 식으로 말이지요.

• 我忘了这件事。　　　　　　　　저는 이 일을 잊었습니다.
　Wǒ wàng le zhè jiàn shì.

　我把这件事忘了。
　Wǒ bǎ zhè jiàn shì wàng le.

欢迎光临，
里边请。

위 문장 역시 마찬가지로, '이 일'을 기억하고 있다거나 새로 시작한 것도 아니고 '잊어버렸다'는 뜻이지요. 목적어가 있다고 모든 문장이 把 구문이 될 수 있는 건 아닙니다. 동사 뒤에 다른 성분들이 따라붙고(목적어 我, 동태조사 了), 把로 도치되는 목적어는 일반적인 것이 아니라 특정한 '바로 그것(눈 앞에 있는 메뉴, 이 일)'이어야 합니다.

패턴회화 **02**

MP3 227

A 我们宫保鸡丁和鱼香肉丝是最拿手的。
　 Wǒmen　Gōngbǎojīdīng　hé　Yúxiāngròusī　shì　zuì　náshǒu　de.
　 저희는 꿍바오지띵과 위샹러우쓰를 가장 잘합니다.

B 好吧。
　 Hǎo　ba.
　 좋습니다.

⊙ **"그렇게 하죠."**

 패턴회화 새단어

■ 宫保鸡丁[Gōngbǎojīdīng]
　 고 꿍바오지띵(중국 요리 이름)

■ 鱼香肉丝 [Yúxiāngròusī]
　 고 위샹러우쓰(중국 요리 이름)

■ 拿手[náshǒu] 형 뛰어나다

✎ 보충 새단어
□ 来着 [láizhe] 조 ~이었다

어기조사란 문장의 끝에 붙여서 문장 전체의 기운을 바꿔주는 말입니다. 평서문을 의문문으로 만들어주는 吗나 呢처럼 말이지요.
好吧의 吧도 어기조사인데, 문장 전체의 느낌을 부드럽고 편안하게 바꿔주는 역할을 합니다. 그냥 好!라고만 해도 "좋아!"라는 동의의 뜻이 되지만 吧를 붙여주면 "좋아요, 그렇게 하지요."의 느낌이 됩니다.

● 走。　　　　　　　　　　　　가. (명령조)
　 Zǒu.

● 走吧。　　　　　　　　　　　가죠 (갑시다).
　 Zǒu ba.

의문문의 느낌을 부드럽게 해주는 来着라는 어기조사도 알아두면 좋습니다. 기억이 날듯 말듯, 아는 내용이 선뜻 떠오르지 않거나 확실치 않아서 "그게 뭐였더라?" 하고 묻고 싶을 때는 来着를 붙여주면 됩니다.

● 她叫什么?　　　　　　　　그 여자 이름이 뭐예요?
　 Tā jiào shénme?

● 她叫什么来着?　　　　　　그 여자 이름이 뭐더라?
　 Tā jiào shénme láizhe?

> 我们宫保鸡丁和鱼香
> 肉丝是最拿手的。

 Tip

> **장기**
> 사람들이 가장 자신있게 잘하는 것을 '장기'라고 하지요? 장기는 중국어로 **拿手**라고 하고, 가장 잘하는 음식은 **拿手菜**라고 합니다. 간판으로 내세울 만한 훌륭한 요리라는 의미에서 **招牌菜**라고도 하지요.
>
> **더치페이**
> 한 사람이 '쏘는(请客)' 모임은 메뉴에 관계없이 재미가 쏠쏠하지요. 하지만 매번 그러면 모임 자체가 부담스러워집니다. 그래서 요즘은 합리적으로 각자 1/n(참석한 사람 수)씩 부담하는 더치페이를 선호합니다. 더치페이는 중국어로 AA制(zhi)입니다.

패턴회화 03

요这两个菜，还要两碗米饭。
Yào zhè liǎng ge cài,   hái yào liǎng wǎn mǐfàn.
이 두 가지 요리와 밥 두 그릇 주세요.

MP3 228

'아직도' 还

'아직도, 여전히, 계속해서'라는 뜻의 부사입니다.

- 他还在睡。
  Tā hái zài shuì.
  그는 아직 자고 있다.

- 他还没做好。
  Tā hái méi zuòhǎo.
  그는 아직 일을 끝내지 못했다.

패턴회화 새단어
- 碗 [wǎn] 명 사발, 그릇
  양 사발, 등잔 등을 세는 단위
- 米饭 [mǐfàn] 명 쌀밥

보충 새단어
- 睡 [shuì] 동 잠을 자다

뒤에 동사가 쓰이면 '또, 더, 나머지'의 의미로 해석됩니다.

- 还有什么?
  Hái yǒu shénme?
  또 뭐가 있니?

- 一个人还没有来。
  Yí ge rén hái méiyǒu lái.
  아직 한 사람이 오지 않았다.

비교문에서는 '더욱 더'란 뜻이 됩니다.

- 今天比昨天还热。
  Jīntiān bǐ zuótiān hái rè.
  오늘은 어제보다 더 덥다.

※ '돌려주다, (되)갚다'의 의미인 동사로 쓰일 때도 있는데, 그때는 발음이 hái가 아닌 huán이 됩니다.

- 我要还钱。
  Wǒ yào huán qián.
  저는 돈을 갚아야 해요.

要这两个菜，
还要两碗米饭。

A 昨天隔壁被盗了，您听说了吗?
Zuótiān gébì bèi dào le, nín tīngshuō le ma?
어제 옆집에 도둑이 들었대요. 아세요?

B 听说珠宝都被小偷偷走了。
Tīngshuō zhūbǎo dōu bèi xiǎotōu tōuzǒu le.
듣자하니 보석들을 전부 도둑맞았다더구나.

패턴회화 04

MP3 229

피동의 被

📖 패턴회화 새단어

■ 隔壁 [gébì] 명 이웃
■ 被 [bèi] 전 ~에게 ~당하다
■ 盗 [dào] 동 훔치다
■ 珠宝 [zhūbǎo] 명 보석
■ 小偷 [xiǎotōu] 명 좀도둑
■ 偷 [tōu] 동 훔치다

✏️ 보충 새단어

□ 批评 [pīpíng] 동 꾸짖다, 주의를 주다

把 구문 외에 목적어가 도치되는 문장으로 피동문이 있습니다. 被, 叫, 让 등의 전치사를 써서 목적어와 주어의 자리를 바꾸어주며, '~에 의해 …당하다'라고 해석합니다.

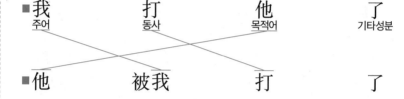

■ 我 打 他 了
  주어 동사 목적어 기타성분

■ 他 被我 打 了

• 我被老师批评了。
  Wǒ bèi lǎoshī pīpíng le.
  나는 선생님께 꾸지람을 들었다.

• 我的车叫小李开走了。
  Wǒ de chē jiào Xiǎo Lǐ kāizǒu le.
  내 차를 이 군이 몰고 갔다.

• 我的钱让小偷偷走了。
  Wǒ de qián ràng xiǎotōu tōuzǒu le.
  내 돈을 좀도둑이 훔쳐갔다.

被 뒤의 말은 생략할 수 있으나, 让이나 叫는 생략할 수 없습니다.

• 昨天隔壁被(小偷)盗了。
  Zuótiān gébì bèi xiǎotōu dào le.
  어제 이웃집이 (도둑에게) 털렸다.

  昨天隔壁叫盗了。 (×)

昨天隔壁被盗了。

주문하기, 把菜单给我

A 欢迎光临，里边请。
Huānyíng guānglín, lǐbian qǐng.

B 先把菜单给我。这里的招牌菜是什么？
Xiān bǎ càidān gěi wǒ. Zhèli de zhāopáicài shì shénme?

A 我们宫保鸡丁和鱼香肉丝是最拿手的。
Wǒmen Gōngbǎojīdīng hé Yúxiāngròusī shì zuì náshǒu de.

B 好吧。要这两个菜，还要两碗米饭。
Hǎo ba. Yào zhè liǎng ge cài, hái yào liǎng wǎn mǐfàn.

（菜上来了）

B 你先尝尝这条鱼吧。
Nǐ xiān chángchang zhè tiáo yú ba.

C 好。对了，昨天隔壁被盗了，您听说了吗？
Hǎo. Duì le, zuótiān gébì bèi dào le, nín tīngshuō le ma?

B 听说珠宝都被小偷偷走了。
Tīngshuō zhūbǎo dōu bèi xiǎotōu tōuzǒu le.

C 是啊。爸爸，请您把那个小碟儿给我，好吗？
Shì a. Bàba, qǐng nín bǎ nàge xiǎo diér gěi wǒ, hǎo ma?

B 咦，光顾说话了，菜已经被你吃光了。
Yí, guānggù shuōhuà le, cài yǐjing bèi nǐ chīguāng le.

条 [tiáo] 양 가늘고 긴 것을 세는 단위 | 鱼 [yú] 명 물고기, 생선 | 碟 [dié] 명 접시 | 咦 [yí] 감 아이, 아이구 | 光 [guāng] 부
오직, 다만 | 顾 [gù] 동 돌보다, 염려하다

A : 어서 오세요. 안쪽으로 들어가세요.

B : 먼저 메뉴판을 주세요. 여기 잘하는 음식이 뭐죠?

A : 저희는 꿍바오지띵과 위샹러우쓰를 가장 잘합니다.

B : 좋습니다. 이 두 가지 요리와 밥 두 그릇 주세요.

　(음식이 나온 후에)

B : 이 생선요리부터 먹어봐라.

C : 네. 참, 어제 옆집에 도둑이 들었대요. 들으셨어요?

B : 듣자하니 보석을 전부 도둑맞았다더구나.

C : 그러게요. 아버지, 작은 접시 좀 주시겠어요?

B : 아이구, 말하는 사이에 네가 음식을 다 먹었구나.

한국인이 좋아하는 중국 음식

아무리 중국 음식을 좋아해서 느끼한 음식 먹기라면 남부럽지 않다 해도, 중국에서 먹는 진짜 중국 음식에는 긴장을 하셔야 합니다. 지역별로 다르긴 하지만 대부분의 음식이 일단 움푹 파인 중국식 후라이팬 안에서 엄청난 양의 기름과 함께 볶아진 후 조리되기 때문에 처음엔 우리 입맛에 잘 안 맞습니다. 그러니 한국인의 입맛에 맞는 요리를 몇 가지 알아두는 것이 좋습니다.

1. 三鲜炒饭(싼시엔차오판)

세 가지(三) 해물(鲜)이 들어간 볶음밥(炒饭)입니다. 중국에선 요리가 다 나온 후에 밥을 내옵니다. 요리의 간이 세기 때문에 밥이랑 같이 먹고 싶어서 '꼭 밥을 먼저 달라!'고 당부해도 안 나오기 일쑤입니다. 중국 요리는 양이 많기 때문에 혼자 먹을 때는 반찬 없이 볶음밥 하나만 시켜 먹는 것도 좋은 방법입니다.

2. 宮保鸡丁(꿍바오지띵)

鸡가 들어가면 닭고기 요리입니다. 닭고기를 양증맞은 깍두기 모양(丁)으로 썰어서 땅콩, 고추, 오이, 당근, 양파, 생강 등과 함께 볶은 것입니다. 대부분의 한국 사람들이 좋아하는 요리입니다.

3. 鱼香肉丝(위샹러우쓰), 鱼香鸡丝(위샹지쓰)

肉는 돼지고기를, 鸡는 닭고기를 실(丝)처럼 가늘게 썰어서 죽순, 목이버섯, 파, 생강 등의 야채와 함께 볶은 것입니다. 고기를 얇게 썰어놓으니 마치 생선 냄새(鱼香)가 나는 것 같다 하여 붙여진 이름입니다.

한 가지 더! 중국 요리의 독특한 향을 내는 향신초 '샹차이 香菜'라는 것이 있습니다. 우리나라에선 '고수'라고 하는데, 향이 강해서 싫어하는 사람이 많으니 혹시 모험을 하고 싶지 않다면 주문할 때 '부야오 샹차이'라고 말씀하세요.

22 把 구문

把 전치사를 이용하여 목적어를 동사 앞으로 도치시키는 문장으로, 동사(동작이나 결과)가 강조됩니다. 把 구문이 성립되려면 몇 가지 조건이 있습니다.

첫째, 목적어가 특정한 것이어야 합니다.

둘째, 동사 뒤에는 반드시 기타성분이 따라붙습니다.(단 过와 가능보어는 안 됩니다.)

셋째, 把가 전치사이므로, 부사나 조동사는 把보다 앞에 놓입니다.

- 同学们把灯开了。 Tóngxuémen bǎ dēng kāi le. 학우들이 등을 켰다. (동태조사 了)

- 你把这本书拿着。 Nǐ bǎ zhè běn shū názhe. 이 책 좀 들고 있어. (동태조사 着)

- 他把汉字写得很清楚。 Tā bǎ Hànzì xiě de hěn qīngchu.
  그는 한자를 정확하게 쓴다.(정도보어)

- 我还没把钱用完。 Wǒ hái méi bǎ qián yòngwán. 나는 아직 돈을 다 쓰지 않았다. (결과보어)

- 他昨天把那本书买回来了。 Tā zuótiān bǎ nà běn shū mǎi huílai le.
  그는 어제 그 책을 사왔다.

- 他昨天把一本书买回来了。(×) (一本书가 불특정한 사물임)

23 被 구문

전치사 被를 이용하여 주어와 목적어의 위치를 바꾸는 문장으로, '목적어는 주어에게 동사당하다'로 해석됩니다.

첫째, 목적어가 있어야 하므로 자동사는 안 됩니다.

둘째, 동사에 동작성이 있어야 합니다.

셋째, 被 외에 让, 叫도 같은 뜻인데, 被만 뒤에 오는 명사의 생략이 가능합니다.

넷째, 부사와 조동사는 전치사 被 앞에 씁니다.

- 他被哭了。(×) Tā bèi kū le. (哭는 자동사)

- 她被我喜欢了。(×) Tā bèi wǒ xǐhuan le. (喜欢은 동작성이 없는 동사)

- 那个菜让猫吃掉了。 Nàge cài ràng māo chīdiào le. 그 음식은 고양이가 먹어치웠다.

- 他叫那部电影感动了。 Tā jiào nà bù diànyǐng gǎndòng le. 그는 그 영화에 감동받았다.

- 自行车没有被偷走。 Zìxíngchē méiyǒu bèi tōu zǒu. 자전거는 도둑맞지 않았다.

灯 [dēng] 명 등, 등불 | 拿 [ná] 동 잡다, 들다 | 猫 [māo] 명 고양이 | 感动 [gǎndòng] 동 감동하다

01 빈칸에 알맞은 단어를 써서 문장을 완성하세요.

1 메뉴 좀 주세요.   请你_____菜单给我。

2 여기서 가장 잘하는 요리가 뭔가요?   你们这儿_____是什么?

3 보석을 도둑맞았어요.   珠宝_____偷了。

4 자녀에게만 신경쓰는 것은 좋지 않아요.   _____孩子对你不好。

5 아직 숙제를 다 못했니?   你还没有_____写完吗?

6 그 소식을 그녀에게 전하려고 해.   我要_____告诉她。

7 난 아직도 그를 기다려요.   我_____等他。

8 그 생선을 고양이가 먹어버렸어.   那_____鱼_____猫吃光了。

02 다음 ( ) 안에 들어갈 수 있는 단어를 고르세요. 新HSK

A 过	B 比	C 把	D 被	E 刚刚

1 他 ( ) 那本书看完了。

2 你说 ( ) 那件事。

3 自行车没有 ( ) 偷走。

4 自行车 ( ) 被人偷走了。

5 今天 ( ) 昨天还热。

吃点儿药就会好的。

PART 16

가능보어, 听不懂

패턴회화 01

MP3 232

你脸色不太好，哪儿不舒服吗？
Nǐ liǎnsè bú tài hǎo, nǎr bù shūfu ma?
안색이 안 좋네요. 어디 불편하세요?

哎呀，你烧得很厉害。
Āiyā, nǐ shāo de hěn lìhai.
이런, 열이 대단하네요.

📖 **패턴회화 새단어**

■ 脸色 [liǎnsè] 명 안색, 혈색

■ 舒服 [shūfu] 형 (육체나 정신이) 편안하다

■ 哎呀 [āiyā] 감 아이쿠, 아뿔사

■ 烧 [shāo] 동 열이 나다

■ 得 [de] 조 정도, 가능의 보어를 이끄는 조사

■ 厉害 [lìhai] 형 대단하다

✏️ **보충 새단어**

□ 生病 [shēngbìng] 동 병이 나다

□ 头疼 [tóuténg] 명 두통

□ 头晕 [tóuyūn] 형 어지럽다

□ 食欲 [shíyù] 명 식욕

□ 医院 [yīyuàn] 명 병원

□ 检查 [jiǎnchá] 동 검사하다

□ 打针 [dǎzhēn] 동 주사를 맞다

□ 腿 [tuǐ] 명 다리

□ 受伤 [shòushāng] 동 상처를 입다

🔘 **"병이 났어요."**

● 我生病了，有点儿不舒服。
　 Wǒ shēngbìng le, yǒu diǎnr bù shūfu.
　　　　　　　　　　　　　　병이 나서 몸이 좀 불편해요.

● 头疼很厉害。
　 Tóuténg hěn lìhai.
　　　　　　　　두통이 무척 심해요.

● 头晕。
　 Tóuyūn.
　　　　어지러워요.

● 肚子疼，没有食欲。
　 Dùzi téng, méiyǒu shíyù.
　　　　　　　　　　배가 아파서 식욕이 없어요.

● 去医院检查吧。
　 Qù yīyuàn jiǎnchá ba.
　　　　　　　　병원에 가서 진찰 받아보세요.

● 要打针吗？
　 Yào dǎzhēn ma?
　　　　　　주사 맞아야 해요?

● 我的腿受了伤。
　 Wǒ de tuǐ shòu le shāng.
　　　　　　　　다리를 다쳤어요.

● 健康第一。
　 Jiànkāng dì yī.
　　　　　　건강이 제일이에요.

要打针吗？

172

패턴회화 02

但是大夫说的话我都听不懂。
Dànshì dàiifu shuō de huà wǒ dōu tīng bu dǒng.
그렇지만 의사 선생님이 하시는 말씀을 전혀 알아들을 수가 없어요.

MP3 233

패턴회화 새단어

- **大夫** [dàifu] 명 의사
- **听不懂** [tīng bu dǒng] 알아 들을 수 없다

보충 새단어

- 末班车 [mòbānchē] 명 막차
- 香蕉 [xiāngjiāo] 명 바나나
- 好意 [hǎoyì] 명 호의, 선의

가능보어

"听懂了吗?(알아들었어요?)", "听不懂。(못 알아듣겠어요.)", "听得懂。(알아 들을 수 있어요.)" 중국어 초급자들이 중국에 갔을 때 흔히 접하게 되는 대화입니다. 听懂吗?는 결과보어를 이용한 문장으로 '듣고 ➡ 이해해요?'라고 묻는 것이지요.

"이해할 수 있어요(없어요)."라고 말하려면 앞에서 배웠던 가능의 조동사(能, 会, 可以)를 이용해도 됩니다. 하지만 중국인들은 가능의 의미를 보어로 표현하기를 더 좋아합니다. 동사와 보어(결과, 가능) 사이에 得/不를 넣어주면 되는데 이것이 가능보어입니다.

- **看得懂。**
  Kàn de dǒng.
  보고 이해할 수 있다.

- **已经没有末班车，我们回不去了。**
  Yǐjīng méiyǒu mòbānchē, wǒmen huí bu qù le.
  이미 막차가 끊겨서 돌아갈 수 없다.

간단하게 得了, 不了, 不得만 붙여주면 동사의 결과까지는 알 필요 없이 가능의 의미만 첨가됩니다. 조동사를 사용했을 때와 의미가 꼭 같아지지요.

大夫说的话我都听不懂。

- **我吃得了十个香蕉。**
  Wǒ chī de liǎo shí ge xiāngjiāo.
  나는 바나나 열 개를 다 먹을 수 있다.

- **哪儿能忘得了你的好意呀!**
  Nǎr néng wàng de liǎo nǐ de hǎoyì yā!
  어떻게 네 호의를 잊을수 있겠니!

- **我受不了那样的苦。**
  Wǒ shòu bu liǎo nàyàng de kǔ.
  나는 그런 고통은 참을수 없다.

- **明天我有事，去不得。**
  Míngtiān wǒ yǒu shì, qù bu de.
  내일 나는 일이 있어서 갈 수가 없다.

패턴회화 03

MP3 234

不要紧，我给你翻译吧。
Búyàojǐn, wǒ gěi nǐ fānyì ba.
걱정 말아요. 제가 통역해 드릴게요.

패턴회화 새단어

■ 紧 [jǐn] 형 촉박하다. 걱정하다.
(옷·신발 따위가) 꼭 끼다

■ 不要紧 [búyàojǐn] 괜찮다.
문제없다 (＝没关系)

■ 翻译 [fānyì] 동 번역하다

✎ 보충 새단어

□ 日程 [rìchéng] 명 일정

□ 非常 [fēicháng] 부 매우

□ 裤子 [kùzi] 바지

"걱정하지 마."

여유가 없이 꼭 끼는 상태를 紧이라고 합니다. 시간적인 여유가 없을 때는 '촉박하다', 공간적인 여유가 없을 때는 '팽팽하다, 품이 꼭 끼다', 마음의 여유가 없을 때는 '걱정하다, 긴장하다'라는 뜻이 됩니다.

● 日程非常紧。
　Rìchéng fēicháng jǐn.

일정이 너무 빡빡합니다.

● 不要紧。
　Búyàojǐn.

걱정하지 마세요.

● 这个号有点紧。
　Zhège hào yǒudiǎn jǐn.

이 사이즈는 조금 작은데요.

● 紧巴巴。
　Jǐn bāba.

(옷이 꼭 끼어) 답답해요.

● 裤子太紧了。
　Kùzi tài jǐn le.

바지가 너무 조여요.

174

패턴회화 04

MP3 235

不严重，就是流行性感冒。
Bù yánzhòng, jiù shì liúxíngxìng gǎnmào.
심각한 병이 아니라, 유행성 감기입니다.

打打针，吃点儿药就会好的。
Dǎda zhēn, chī diǎnr yào jiù huì hǎo de.
주사 맞고 약 조금 먹으면 금방 좋아져요.

패턴회화 새단어

■ **严重** [yánzhòng] 형 심각하다
■ **流行性** [liúxíngxìng] 명 유행성
■ **感冒** [gǎnmào] 명 감기
■ **打针** [dǎzhēn] 동 주사를 맞다
■ **药** [yào] 명 약

보충 새단어

□ **早就** [zǎojiù] 부 일찌감치
□ **斧子** [fǔzi] 명 도끼
□ **铁** [tiě] 명 쇠, 철

'곧바로' 就

就는 '(시간의 공백 없이 바로 연결되어) 당장, 곧바로'를 의미하는 부사인데, 시간을 나타내는 말이 앞에 붙으면 '이미, 벌써, 진작에'를 뜻하기도 합니다.

- **我现在就走。**
  Wǒ xiànzài jiù zǒu.
  내가 지금 바로 갈게요.

- **他的秘密我早就知道了。**
  Tā de mìmì wǒ zǎojiù zhīdao le.
  그의 비밀을 일찌감치 알고 있었어요.

就를 사용한 관용구도 알아봅시다.

- **天黑了，就回家。**
  Tiān hēi le, jiù huíjiā.
  날이 어두워지면 곧장 집으로 돌아간다.

- **他一躺下就睡着了。**
  Tā yì tǎngxià jiù shuìzháo le.
  그는 눕자마자 즉시 잠들었어요.
  (A하자마자 금방 B하다.)

- **我的斧子不是金的，就是铁的。**
  Wǒ de fǔzi bú shì jīn de, jiù shì tiě de.
  내 도끼는 금도끼 아니면 쇠도끼입니다.

吃点儿药就会好的。

이합동사의 중첩

A형 동사는 AA로, AB형 동사는 ABAB로 중첩시키면 '한번 해보다, 시험삼아 좀 하다'로 의미가 완화된다고 배웠습니다. 그런데 같은 AB형 동사라도 이합동사인 경우에는 동사에 해당하는 A부분만 반복해서 AAB 형태가 되어야 합니다.

- **打打针。** 주사를 좀 맞다.
  Dǎda zhēn.

- **散散步。** 산책을 좀 하다.
  Sànsan bù.

가능보어, 听不懂 MP3 236

A 你脸色不太好，哪儿不舒服吗？
　　Nǐ liǎnsè bú tài hǎo, nǎr bù shūfu ma?

B 我头疼，咳嗽。还有点儿发烧。
　　Wǒ tóuténg, késou. Hái yǒudiǎnr fāshāo.

A 哎呀，你烧得很厉害。你得去医院检查检查。
　　Āiyā, nǐ shāo de hěn lìhai. Nǐ děi qù yīyuàn jiǎnchá jiǎnchá.

B 但是大夫说的话我都听不懂。
　　Dànshì dàifu shuō de huà wǒ dōu tīng bu dǒng.

A 不要紧，我给你翻译吧。
　　Búyàojǐn, wǒ gěi nǐ fānyì ba.

B 谢谢。
　　Xièxie.

（在医院里）

B 大夫，我的病严重吗？
　　Dàifu, wǒ de bìng yánzhòng ma?

C 不严重，就是流行性感冒。
　　Bù yánzhòng, jiù shì liúxíngxìng gǎnmào.

　　打打针，吃点儿药就会好的。
　　Dǎda zhēn, chī diǎnr yào jiù huì hǎo de.

头疼 [tóuténg] 명 두통 동 머리가 아프다 | 咳嗽 [késou] 동 기침하다 | 医院 [yīyuàn] 명 병원 | 检查
[jiǎnchá] 동 검사하다

A : 안색이 안 좋아요. 어디 불편하세요?

B : 머리가 아프고, 기침을 하는데다 열도 조금 있어요.

A : 이런, 열이 대단하네요. 병원에 가봐야겠어요.

B : 하지만 의사 선생님이 하시는 말씀을 전혀 알아들을 수가 없어요.

A : 걱정 마세요. 제가 통역해 드릴게요.

B : 고맙습니다.

　(병원에서)

B : 의사 선생님, 심각한 병인가요?

C : 심각한 병이 아니라, 유행성 감기입니다.

　주사 맞고 약 조금 먹으면 금방 나아요.

중국의 연휴

중국은 소비 진작 차원에서 연휴를 늘리기 위해 명절의 앞뒤 주말을 평일로 바꾸고 명절을 이틀 정도 더 연장하여 쉬기 때문에, 휴일 대체 근무를 통한 3일 이상의 연휴가 꽤 많이 있습니다. 특히 춘절(설)과 국경절에는 일반적으로 7일간 쉽니다.

1. 원단(元旦): 1.1 (전후 3일 휴무)
2. 춘절(春节): 음력 1.1 (전후 7일 휴무)
3. 청명절(清明节): 4.5 (전후 3일 휴무)
4. 노동절(劳动节): 5.1 (전후 3일 휴무)
5. 단오절(端午节): 음력 5.5 (전후 3일 휴무)
6. 중추절(中秋节): 음력 8.15 (전후 3일 휴무)
7. 국경절(国庆节): 10.1 (전후 7일 휴무)

24 가능보어

'~를 할 수 있다(가능)'를 나타내는 조동사 역할을 보어가 대신할 수 있는데, 이것을 '가능보어'라고 합니다. '동사 + 得 + 결과 / 방향보어'의 형태로 쓰입니다.

- 记住。 Jìzhù. 기억해두다. ➡ 记得住。 Jì de zhù. 기억할 수 있다.

  记不住。 Jì bu zhù. 기억할 수 없다.

- 看见。 Kànjiàn. 보다. ➡ 看得见。 Kàn de jiàn. 볼 수 있다.

  看不见。 Kàn bu jiàn. 볼 수 없다. (보이지 않는다.)

- 进去。 Jìnqù. 들어간다. ➡ 进得去。 Jìn de qù. 들어갈 수 있다.

  进不去。 Jìn bu qù. 들어갈 수 없다.

문장 끝에 어기조사 吗를 붙이거나 가능보어의 긍정형과 부정형을 연이어 써줌으로써 의문문을 만듭니다.

- 你记得住这些生词吗? Nǐ jì de zhù zhèxiē shēngcí ma?
- 你看得懂汉语吗? Nǐ kàn de dǒng Hànyǔ ma?
- 你记得住记不住? Nǐ jì de zhù jì bu zhù?
- 你看得懂看不懂? Nǐ kàn de dǒng kàn bu dǒng?

가능보어는 비교적 제약이 많은 편입니다. 우선 동태조사 세 가지(了，着，过)가 함께 쓰일 수 없습니다. 또 把 구문이나 被 구문으로도 쓸 수 없습니다.

- 看了不懂? (×)
- 他把这些生词记得住。(×)

记 [jì] 동 기억하다 | 进 [jìn] 동 들어가다 | 生词 [shēngcí] 명 새 단어

01 뜻이 일치하는 두 문장을 찾아 연결해보세요.

1 어디가 불편하세요?   •   • a 你哪儿不舒服？

2 많이 쉬면 금방 나아요.   •   • b 你的脸色不好。

3 그 여자는 성격이 사나워요.   •   • c 很多压力让她生病了。

4 시간이 없어서 병원에 못 가요.   •   • d 听不懂，请你说慢一点儿。

5 널 못 봤어.   •   • e 她很厉害。

6 안색이 안 좋네요.   •   • f 没有时间，去不了医院。

7 그녀는 스트레스 때문에 병이 났어요.   •   • g 多休息就好了。

8 못 알아듣겠어요. 천천히 말해주세요.   •   • h 我看不见你。

02 다음 ( ) 안에 들어갈 수 있는 단어를 고르세요. 新HSK

A 很	B 就	C 不	D 得	E 散

1 汉字你看（   ）懂看不懂？

2 明天我有事，去（   ）得。

3 我疼得（   ）厉害。

4 我们一起（   ）散步。

5 吃点儿药（   ）会好的。

压力 [yālì] 명 스트레스 | 慢 [màn] 형 느리다, 더디다 | 字幕 [zìmù] 명 자막

PART 17
은행 가기, 要换钱

패턴회화 01

MP3 238

A 我想把美元换成人民币。
Wǒ xiǎng bǎ měiyuán huànchéng rénmínbì.
달러를 위안화로 바꾸고 싶은데요.

B 你要换多少? 얼마나 바꾸실 건가요?
Nǐ yào huàn duōshao?

은행 업무 보기

패턴회화 새단어

- 美元 [měiyuán] 명 달러(미국 화폐)
- 换 [huàn] 동 바꾸다, 교환하다
- 成 [chéng] 동 ~이 되다, 이루다
- 人民币 [rénmínbì] 명 위안화(중국 화폐)

보충 새단어

- 零钱 [língqián] 명 잔돈
- 存款 [cúnkuǎn] 동 예금하다
- 账户 [zhànghù] 명 계좌
- 自动取款机 [zìdòngqǔkuǎnjī] 명 자동 현금 인출기
- 汇款 [huìkuǎn] 동 송금하다
- 储蓄 [chǔxù] 동 저축하다
- 习惯 [xíguàn] 명 습관

중국에선 신용카드 사용이나 여행자수표 사용이 아직도 제한되어 있어서 유학생들은 부득이 달러나 위안화를 현금으로 들고 가게 됩니다. 이럴 때 현지에서 계좌를 만들고 현금카드로 거래하면 안전하고 편리합니다.

- 我要换零钱。 잔돈으로 바꾸려고요.
  Wǒ yào huàn língqián.

- 我来存款了。 예금하러 왔어요.
  Wǒ lái cúnkuǎn le.

- 想开个账户。 계좌를 개설하려고요.
  Xiǎng kāi ge zhànghù.

- 想取一千块钱。 1,000위안을 찾으려는데요.
  Xiǎng qǔ yìqiān kuài qián.

- 自动取款机在哪儿? 자동 현금인출기가 어디 있나요?
  Zìdòngqǔkuǎnjī zài nǎr?

- 我要汇款。 송금하려고요.
  Wǒ yào huìkuǎn.

- 那个孩子有储蓄的习惯。 저 아이는 저축하는 습관이 있어요.
  Nàge háizi yǒu chǔxù de xíguàn.

你要换多少?

Tip

카드를 긁다
중국에서는 아직까지 신용카드(信用卡 xìnyòngkǎ)의 사용이 활발하지 않습니다. 현금카드(现金卡 xiànjīnkǎ)는 대형 마트나 백화점에서 통용되지만 일반 상점에서는 현금을 준비해야 합니다.
하지만 상하이 같은 대도시의 직장인들 사이에서는 점차 신용카드 사용이 늘고 있는데, '카드로 지불하다, 카드로 긁다'의 표현은 刷卡 shuākǎ입니다.

패턴회화 02

MP3 239

A 今天的汇率是多少? 오늘 환율이 얼마인가요?
　Jīntiān　de　huìlǜ　shì　duōshao?

B 一比八。 1대 8이요.
　Yī　bǐ　bā.

숫자 계산법

📖 **패턴회화 새단어**

■ 汇率 [huìlǜ] 명 환율
■ 比 [bǐ] 명 비율, 비 동 비율이 되다
　전 ～에 비해, ～보다

✏️ **보충 새단어**

□ 加 [jiā] 동 더하다
□ 等于 [děngyú] 동 ～와 같다
□ 减 [jiǎn] 동 빼다
□ 乘 [chéng] 동 곱하다
□ 除 [chú] 동 나누다

중국의 과자 중에 '싼 지아 얼'이라는 것이 있습니다. '3 + 2'라는 뜻인데, 크래커가 세 개 겹쳐 있고 그 중간중간에 크림층이 두 겹 있기 때문이라나요?
사실 숫자 계산은 수학기호를 써서 나타낼 때가 많기 때문에 정확한 표현법을 모르기가 쉽습니다. 나왔을 때 한번 알아두면 유용할 겁니다.

- 一加三等于四 。　　Yī jiā sān děngyú sì.　　1 + 3 = 4
- 四减二等于二 。　　Sì jiǎn èr děngyú èr.　　4 − 2 = 2
- 三乘一等于三 。　　Sān chéng yī děngyú sān.　　3 × 1 = 3
- 八除以四等于二 。　Bā chú yǐ sì děngyú èr.　　8 ÷ 4 = 2
  八除以四得二 。　　Bā chú yǐ sì dé èr.
- 百分之三十　　　　　bǎi fēn zhī sānshí　　30 / 100 (30%)
- 一比四　　　　　　　yī bǐ sì　　　　　　　1 : 4

今天的汇率是多少?

MP3 240

A 快到春节了，你该回国了吧。
　Kuài dào Chūnjié le, nǐ gāi huíguó le ba.
　이제 곧 설날이라 귀국하실 때가 됐군요.

B 对，后天我回韩国去。
　Duì, hòutiān wǒ huí Hánguó qù.
　맞아요, 저는 모레 한국으로 돌아갑니다.

 패턴회화 새단어

■ 春节 [Chūnjié] 명 설날
■ 该 [gāi] 동 ~의 차례다
■ 后天 [hòutiān] 명 모레
■ 回去 [huíqù] 동 돌아가다

✏ **보충 새단어**

▫ 教室 [jiàoshì] 명 교실

"곧 설날이에요."

快(要)……了가 '곧 ~할 것이다'라는 뜻임을 배운 적이 있습니다. 就要……了도 같은 뜻인데, 쓰임새에 약간의 차이가 있습니다.
就要……了는 앞에 시간명사가 올 수 있는데, 快要……了는 올 수 없습니다.

● 要下雨了。　　　　　　비가 오려고 해요.
　Yào xiàyǔ le.

● 天快(要)黑了。　　　　날이 곧 어두워집니다. (밤이 됩니다)
　Tiān kuài (yào) hēi le.

● 生日就要到了。　　　　생일이 곧 돌아옵니다.
　Shēngrì jiùyào dào le.

방향보어

대화의 묘미를 잘 살려주는 요소 중의 하나가 방향보어입니다. 기준점을 중심으로 진행 방향을 나타내줍니다. 가령 A(화자)가 B(청자)에게 '(내가 있는 쪽으로) 걷기'를 주문한다면 走来(걸어오세요)가 되고, '저 멀리 반대방향으로 걷기'를 제안한다면 走去(걸어가세요)가 됩니다. 이때 来와 去는 경성으로 읽습니다.

你该回国了吧。

对，后天我回韩国去。

● 老师已经进来了。　　　선생님은 이미 들어오셨습니다.
　Lǎoshī yǐjing jìnlai le.　　　(화자는 장소 안에 있음)

● 老师已经进去了。　　　선생님은 이미 들어가셨습니다.
　Lǎoshī yǐjing jìnqu le.　　　(화자는 장소 밖에 있음)

목적어가 장소일 때는 동사와 来, 去사이에 쓰입니다.

● 老师进教室来了。　　　선생님이 교실로 들어왔다.
　Lǎoshī jìn jiàoshì lái le.

A **我想买点儿东西，带回去送给父母。**
Wǒ xiǎng mǎi diǎnr dōngxi, dài huíqu sòng gěi fùmǔ.
부모님께 드릴 선물을 사서 가져갈 겁니다.

B **看来，你真是个好女儿。**
Kànlai, nǐ zhēn shì ge hǎo nǚ'ér.
보아하니 당신은 정말 좋은 딸인 것 같네요.

📖 **패턴회화 새단어**
- 送 [sòng] 동 보내다
- 父母 [fùmǔ] 명 부모
- 女儿 [nǚ'ér] 명 딸

✏️ **보충 새단어**
- 首 [shǒu] 명 머리 양 (노래) 곡, (시) 수

복합방향보어

가장 기본이 되는 방향보어는 방향성을 띤 두 동사, 来와 去입니다. 여기에 방향성이 있는 다른 말들(上，下，进，出，回，过，起)을 붙여서 의미를 세분화시킬 수 있는데 이것이 바로 복합방향보어입니다.

	上	下	进	出	回	过	起
来	上来	下来	进来	出来	回来	过来	起来
去	上去	下去	进去	出去	回去	过去	/

- **他走上来了。** 그는 걸어서 올라왔다.
  Tā zǒu shànglai le.

- **他跑出去了。** 그는 뛰어 나갔다.
  Tā pǎo chūqu le.

"보아하니……"

看(起)来는 방향보어에서 파생되었지만, 관용적으로 매우 많이 쓰이는 표현이니 따로 알아두면 좋습니다. 이처럼 방향동사 (起)来는 看，听，说，想 등과 함께 쓰여 판단, 추측의 의미를 나타냅니다.

看起来，
他今年大概三十岁。

- **看(起)来，他今年大概三十岁。** 그는 올해 서른 살쯤 되어 보여요.
  Kàn(qi)lai, tā jīnnián dàgài sānshí suì.

- **这首歌，听起来真好听。** 저 노래, 들어보면 참 좋아요.
  Zhè shǒu gē, tīngqilai zhēn hǎotīng.

第十七课 **은행 가기, 要换钱** MP3 242

A 我想把美元换成人民币。
Wǒ xiǎng bǎ měiyuán huànchéng rénmínbì.

B 你要换多少?
Nǐ yào huàn duōshao?

A 三百美元。今天的汇率是多少?
Sānbǎi měiyuán. Jīntiān de huìlǜ shì duōshao?

B 一比八。请在这儿填写名字和护照号码。
Yī bǐ bā. Qǐng zài zhèr tiánxiě míngzi hé hùzhào hàomǎ.

快到春节了,你该回国了吧。
Kuài dào Chūnjié le, nǐ gāi huíguó le ba.

A 对,后天我回韩国去。
Duì, hòutiān wǒ huí Hánguó qù.

所以我想买点儿东西,带回去送给父母。
Suǒyǐ wǒ xiǎng mǎi diǎnr dōngxi, dài huíqu sòng gěi fùmǔ.

B 看来,你真是个好女儿。
Kànlai, nǐ zhēn shì ge hǎo nǚ'ér.

A 哪儿的话。那是应该的。
Nǎr de huà. Nà shì yīnggāi de.

B 这是你的钱。请数一数。
Zhè shì nǐ de qián. Qǐng shǔ yi shǔ.

A 谢谢。再见。
Xièxie. Zàijiàn.

填写 [tiánxiě] 동 써넣다, 기입하다 | **护照** [hùzhào] 명 여권 | **所以** [suǒyǐ] 접 그래서 | **应该** [yīnggāi] 조동 ~하는 것이 마땅하다 | **数** [shǔ] 동 수를 세다

A : 달러를 위안화로 좀 바꾸고 싶은데요.

B : 얼마나 바꾸시게요?

A : 300달러요. 오늘 환율이 얼마인가요?

B : 1대 8이에요. 여기에 이름과 여권번호를 좀 써주세요.

　　이제 곧 설날이라 귀국하실 때가 됐군요.

A : 맞아요, 모레 한국으로 돌아가요.

　　그래서 부모님 선물을 사서 가져가려고요.

B : 보아하니 당신은 정말 좋은 딸인 것 같네요.

A : 무슨 말씀을요. 당연한 일이지요.

B : 여기 손님 돈입니다. 세어보세요.

A : 고맙습니다. 안녕히 계세요.

 이거 알아?

중국의 4대 은행

중국은 상업적인 개념이 일찍부터 발달한 나라입니다. 세계 전역에 흩어져서도 막강한 부를 자랑하는 화교들을 보면 단적으로 알 수 있지요. 그에 걸맞게 은행제도도 잘 발달되어 있습니다.

중국은행, 중국농업은행, 중국건설은행, 중국공상은행을 중국의 4대 은행이라고 합니다. 신용 상태도 좋고 중국 전역에 지점이 퍼져 있어서 이용하기 편리합니다.

중국 은행을 이용하는 주된 이유는 아마도 환전일 겁니다. 아직까지 중국에서는 원화를 직접 위안화로 바꿀 수 없기 때문에 한국에서 달러나 위안화로 바꿔 가야 합니다. 중국은 2005년 7월 이후부터 고정환율제이던 것이 변동환율제로 바뀌었으므로, 금융시장이 아니라 국가에서 환율을 결정하기 때문에 환율이 어떻게 바뀔지에 대해 늘 관심을 두고 살피는 것이 조금이라도 손해를 덜 보는 길입니다.

25 방향보어의 파생적 의미

기준이 되는 대상을 중심으로 객체의 이동, 운동 방향을 나타내는 것이 방향보어입니다. 带回去(가지고 + 돌아 + 가다)처럼 뜻을 새기는 것이 복잡하지 않고 쉽습니다.
그런데 방향보어가 어렵게 느껴지는 것은 단순한 물리적 방향성에서 추상적인 방향성으로 유추되어 쓰이는 파생적 의미들 때문입니다. 많이 쓰이는 몇 가지만 살펴봅시다.

1 起来

· 请各位站起来。 Qǐng gèwèi zhàn qilai. 여러분 일어서십시오. (아래→위)

· 你的钱和我的钱加起来一共多少?
Nǐ de qián hé wǒ de qián jiā qilai yígòng duōshao?
당신의 돈과 내 돈을 합하면 모두 얼마죠? (분리→결합, 연결)

· 哭得眼睛肿起来了。 Kū de yǎnjing zhǒng qilai le. 울어서 눈이 부었습니다. (수평→돌출)

· 他的病好起来了。 Tā de bìng hǎo qilai le. 그의 병이 좋아지기 시작했다. (정지→출발, 시작)

2 下来

· 你快下来。 Nǐ kuài xiàlai. 빨리 내려오세요. (위→아래)

· 把帽子摘下来。 Bǎ màozi zhāi xiàlai. 모자를 벗으세요. (연결→분리)

· 把开会的事情定下来。 Bǎ kāihuì de shìqing dìng xiàlai.
회의에 관한 일을 정합니다. (불확실→고정)

· 教室里安静下来了。 Jiàoshì li ānjìng xiàlai le. 교실 안이 조용해졌습니다. (동작→고요)

· 老祖宗传下来的教育孩子的方法
lǎo zǔzong chuán xiàlai de jiàoyù háizi de fāngfǎ
조상 때부터 내려온 자녀 교육 방법 (예전부터 지속)

3 上

· 请把门关上。 Qǐng bǎ mén guānshang. 문을 닫으세요. (분리→결합)

· 我爱上了她。 Wǒ àishang le tā. 나는 그녀를 사랑하게 되었다. (새로운 상황이 발생하여 지속)

各位 [gèwèi] 몡 각각. 개개인 | **站** [zhàn] 통 서다 | **哭** [kū] 통 울다 | **眼睛** [yǎnjing] 몡 눈 | **肿** [zhǒng] 통 붓다 | **摘** [zhāi] 통 떼어내다, 벗기다 | **开会** [kāihuì] 통 회의를 열다 | **事情** [shìqing] 몡 일, 상황 | **祖宗** [zǔzong] 몡 조상 | **传** [chuán] 통 (어떤 것을 후대에) 전하다 | **教育** [jiàoyù] 몡 교육 | **方法** [fāngfǎ] 몡 방법

01 빈칸에 알맞은 단어를 써넣으세요.

1 그 문제는 생각하자면 머리만 아파.　　　那个问题，＿＿＿＿让我头疼。

2 모두들 운동장으로 들어갔다.　　　　　大家都＿＿＿＿操场＿＿＿＿。

3 말하자면, 하고 싶지 않아.　　　　　　＿＿＿＿＿＿＿＿，我不想做。

4 예금하러 왔어요.　　　　　　　　　　我要＿＿＿＿＿＿＿。

5 3 × 3 = 9　　　　　　　　　　　　　三乘三＿＿＿＿＿＿九。

6 송금하려고요.　　　　　　　　　　　要＿＿＿＿＿＿＿＿。

7 듣자하니, 당신은 예의가 없군요.　　　　＿＿＿＿＿＿你没有礼貌。

8 현금인가요, 신용카드인가요?　　　　　现金＿＿＿＿＿信用卡?

02 아래 단어를 잘 배열하여 문장을 완성해보세요. 新HSK

> 例如: 小船　　上　　一　　河　　条　　有
>
> 河上有一条小船。

1 晚上　　他　　来　　要　　就　　了

＿＿＿＿＿＿＿＿＿＿＿＿＿＿＿＿＿＿。

2 儿童们　　进　　去　　游乐园　　都

＿＿＿＿＿＿＿＿＿＿＿＿＿＿＿＿＿＿。

3 跑　　　下　　了　　小狗　　来

＿＿＿＿＿＿＿＿＿＿＿＿＿＿＿＿＿＿。

4 一　　　数　　请　　下

＿＿＿＿＿＿＿＿＿＿＿＿＿＿＿＿＿＿。

操场 [cāochǎng] 명 운동장 | 礼貌 [lǐmào] 명. 형 예의, 예의가 바르다 | 现金 [xiànjīn] 명 현금 | 信用卡 [xìnyòngkǎ] 명 신용카드

PART 18

우체국 가기, 寄到哪儿?

패턴회화 01

让我称一下儿。一共五十块(钱)。
Ràng wǒ chēng yíxiàr. Yígòng wǔshí kuài (qián).
어디 한번 무게를 재볼게요. 합해서 50위안입니다.

 MP3 244

 동량사

패턴회화 새단어

- **称** [chēng] 동 무게를 달다
- **一下** [yíxià] 수 (가벼운 시도의 의미로) 한 번
- **一共** [yígòng] 부 전부. 모두

보충 새단어

- **回** [huí] 양 회. 번
- **书法** [shūfǎ] 명 서예

一个人，两件衣服처럼 명사를 세는 양사(명량사)를 배운 적이 있습니다. 그런데 '세 번, 네 차례'처럼 숫자(횟수) 자체를 세는 양사도 있습니다. 이들을 앞의 명량사와 구별하여 수량사라고 부릅니다.

'그냥 한 번 해보다'의 의미를 만들어주던 一下는, 사실 말 그대로 '가볍게 한 번'을 뜻하는 수량사입니다. 동작의 횟수를 의미하기 때문에 수량사 중에서도 동량사가 됩니다.

- **这本书我看过一遍。**
  Zhè běn shū wǒ kànguo yí biàn.
  이 책, 한 번 보았습니다. (처음부터 끝까지 완결되는 동작의 1회)

- **请你介绍一下儿。**
  Qǐng nǐ jièshào yíxiàr.
  소개 좀 부탁합니다. (가볍게 1회)

- **去了一趟北京。**
  Qù le yí tàng Běijīng.
  베이징에 한 번 다녀왔습니다. (왕복의 1회)

동량사는 위치에 주의해야 합니다. 목적어가 대명사이면 '목적어 + 동량사', 그 외의 경우는 '동량사 + 목적어'의 순서로 쓰입니다.

- **我见过他一次。**
  Wǒ jiànguo tā yí cì.
  그를 한 번 만난 적이 있습니다. (반복되는 동작의 횟수)

- **我学过一回书法。**
  Wǒ xuéguo yì huí shūfǎ.
  서예를 한 번 배운 적이 있습니다. (반복되는 동작의 횟수)

 请你介绍一下儿。

Tip

次와 遍

次와 遍은 모두 동작의 횟수를 설명하지만, 次는 동작의 중복만 나타낼 뿐 내용과는 무관합니다. 遍은 동작의 시작부터 끝까지의 전 과정을 강조하며 내용의 중복을 나타낼 수도 있습니다.

02

真没想到这么快! 이렇게 빠를 줄 몰랐어요!

Zhēn méi xiǎng dào zhème kuài!

MP3 245

패턴회화 새단어

■ 这么 [zhème] 대 이렇게

보충 새단어

□ 吓 [xià] 통 놀라다, 놀라게 하다
□ 呀 [ya] 조 의미를 강조하는 어기조사
□ 吃惊 [chījīng] 통 놀라다
□ 哎哟 [āiyo] 감 어머나
□ 唷 [yō] 감 앗

○ "생각도 못했던 일이에요."

"엄마야!", "진짜 생각도 못했던 일이네."
상황이 너무 갑작스러워서, 혹은 너무 의외라서 터져나오는 탄성들을 보면 우리나라와 똑같은 부분이 많습니다. 생김새가 틀리고 문화와 습관이 틀려도 사람들의 마음은 비슷한가 봅니다.

- 吓死我了。
  Xiàsǐ wǒ le.
  놀라서 죽는 줄 알았네.

- 我的妈呀!
  Wǒ de mā ya!
  엄마야!

- 天哪!
  Tiān na!
  하느님, 맙소사!

- 真让人吃惊。
  Zhēn ràng rén chījīng.
  놀랐어요.

- 哎哟(妈呀)!
  Āiyo (māya)!
  아야 (아이고)!

- 唷, 吓死了!
  Yō, xiàsǐ le.
  아유, 깜짝이야!

唷, 吓死我了!

以前要等一个月，但是现在几天就行。
Yǐqián yào děng yí ge yuè, dànshì xiànzài jǐ tiān jiù xíng.
이전에는 한 달씩 기다려야 했는데, 요새는 며칠이면 돼요.

시량사

수량 중에서, 지속된 시간의 양을 나타내는 양사를 시량사라고 합니다.

- 他跑了三个小时了。
  Tā pǎo le sān ge xiǎoshí le.
  그는 세 시간 뛰었습니다.

- 研讨会进行了三天。
  Yántǎohuì jìnxíng le sān tiān.
  세미나는 3일 동안 진행되었습니다.

시량사는 목적어가 중요합니다. 목적어가 있을 경우, 시량사는 목적어 앞에 들어갈 수도 있고, 동사와 목적어를 도치하여 동사 뒤에 들어갈 수도 있습니다.
부정은 没로 하되 가정문에서는 不를 씁니다.

- 他学了三年的汉语。
  Tā xué le sān nián de Hànyǔ.
  그는 3년 동안 중국어를 배웠습니다.
  (과거에 발생하였고 동작이 이미 완성되었다)

- 他(学)汉语学了三年了。
  Tā (xué) Hànyǔ xué le sān nián le.
  그는 중국어를 3년째 배우고 있습니다.
  (지금까지 쭉 배워오고 있다)

- 我两个月没休息。
  Wǒ liǎng ge yuè méi xiūxi.
  나는 두 달 정도 쉬지 않았어요.

- 现在不商量不行。
  Xiànzài bù shāngliang bù xíng.
  지금 의논하지 않으면 안 돼요.

- 不到一个星期吧。
  Bú dào yí ge xīngqī ba.
  일주일도 안 걸려요.

现在不商量不行。

쉿!

패턴회화 **04**

MP3 247

社会发展得越快，生活就越方便啊。
Shèhuì fāzhǎn de yuè kuài, shēnghuó jiù yuè fāngbiàn a.
사회의 발전이 빠를수록 생활이 편리해지네요.

"~하면 할수록"

정도가 심화되어 '~하면 할수록 ……하다'라고 표현하려면 越~越…구문을 씁니다.
越来越는 '점점, 갈수록'이라는 하나의 단어로 쓰이고 있습니다.

패턴회화 새단어

■ 社会 [shèhuì] 명 사회
■ 发展 [fāzhǎn] 동 발전하다
■ 越 [yuè] 부 ~하면 할수록
■ 生活 [shēnghuó] 명 생활
■ 方便 [fāngbiàn] 형 편리하다

보충 새단어

□ 练习 [liànxí] 동 연습하다
□ 进步 [jìnbù] 동 진보하다

• 天气越来越冷。
　Tiānqì yuèláiyuè lěng.

날씨가 갈수록 추워집니다.

• 压力越来越大。
　Yālì yuèláiyuè dà.

스트레스가 갈수록 커져.

• 钱越多越好。
　Qián yuè duō yuè hǎo.

돈이야 많으면 많을수록 좋죠.

• 越练习进步越大。
　Yuè liànxí jìnbù yuè dà.

연습을 하면 할수록 발전할 거예요.

갈수록 날 닮아
참 다행이야.

压力越来越大。

우체국 가기, 寄到哪儿? MP3 248

A 请问，这封信要贴多少钱的邮票？
Qǐngwèn, zhè fēng xìn yào tiē duōshao qián de yóupiào?

B 要寄到哪儿？
Yào jì dào nǎr?

A 要寄到韩国去。还有一个包裹。
Yào jì dào Hánguó qù. Hái yǒu yí ge bāoguǒ.

B 让我称一下儿。一共五十块钱。
Ràng wǒ chēng yíxiàr. Yígòng wǔshí kuài qián.

A 几天能到韩国？
Jǐ tiān néng dào Hánguó?

B 不到一个星期吧。
Bú dào yí ge xīngqī ba.

A 真没想到这么快！
Zhēn méi xiǎng dào zhème kuài!

B 对。以前要等一个月，但是现在几天就行。
Duì. Yǐqián yào děng yí ge yuè, dànshì xiànzài jǐ tiān jiù xíng.

A 是吗？社会发展得越快，生活就越方便啊。
Shì ma? Shèhuì fāzhǎn de yuè kuài, shēnghuó jiù yuè fāngbiàn a.

封 [fēng] 양 (편지) 통 | **信** [xìn] 명 편지 | **贴** [tiē] 동 붙이다 | **邮票** [yóupiào] 명 우표 | **寄** [jì] 동 부치다, 보내다 | **包裹** [bāoguǒ] 명 소포

196

A : 저기요, 이 편지에 얼마짜리 우표를 붙여야 하나요?

B : 어디로 보내시는데요?

A : 한국이요. 그리고 소포도 하나 있어요.

B : 어디 무게를 한번 재볼게요. 합해서 50위안입니다.

A : 한국까지 며칠이나 걸리나요?

B : 일주일도 안 걸려요.

A : 그렇게 빠를 줄 몰랐어요!

B : 네, 이전에는 한 달씩 기다려야 했는데, 지금은 며칠이면 돼요.

A : 그래요? 사회의 발전이 빠를수록 생활이 편리해지네요.

인터넷

일본이 50년만에 이룬 것을 한국이 10년만에 따라잡았다고들 합니다. 한국인의 저력을 보여주는 대목이기도 하지만, 기술의 발전이 더 빠른 발전을 가져오는 시너지효과의 역할도 컸지요.

비슷한 현상이 중국에서도 이루어지고 있습니다. 공해가 많이 발생한다 하여 공해산업으로 불리는 제조업 분야를 중국이 장악하는가 싶더니, 중간 발전 단계를 건너뛰고 바로 첨단기술 분야로 진입하여 선진국과 경쟁을 벌이기도 합니다. 영상, 문화산업 분야에서 비디오를 건너뛰고 바로 DVD 수요, 소비로 나아간 것이 단적인 예라 하겠습니다.

이런 중국의 발전을 선도하는 것은 젊은이들의 변화 욕구인데, 이를 가능케 한 가장 큰 동력이 인터넷입니다. '사회주의 시장경제'라는 구조 속에서 젊은이들이 통제된 언론과 다르게 자유로이 정보를 접할 수 있는 인터넷에 빠져드는 것은 매우 당연한 일이지요. (하지만 인터넷 역시 검열이 있다고 하네요) 많이 사용하는 컴퓨터 용어를 몇 가지 알아봅시다.

인터넷 互联网 hùliánwǎng | 접속하다 上网 shàngwǎng | 네티즌 网民 wǎng mín

해커 黑客 hēikè | 피씨방 网吧 wǎngbā | 웹사이트 网站 wǎngzhàn

홈페이지 主页 zhǔyè | 블로그 博客 bókè | 컴퓨터 电脑 diànnǎo

마우스 鼠标 shǔbiāo | 비밀번호 密码 mìmǎ | 골뱅이 @ 圈A quān A

26 동량사

숫자로 표현되는 양(1회, 3시간, 5살), 즉 수량을 말할 때는 동량사와 시량사를 사용합니다. 동량사는 동사가 일어난 횟수, 양을 표시합니다. 목적어가 대명사일 경우에는 목적어 뒤에, 그 외에는 목적어 앞에 옵니다.

- 我吃过一次中国菜。 Wǒ chīguo yí cì Zhōngguó cài.
  나는 중국 요리를 한 번 먹어봤습니다.

- 我见过她一次。 Wǒ jiànguo tā yí cì. 나는 그녀를 한 번 본 적이 있습니다.

부정은 没를 사용하는데, 가정문에서는 不를 사용합니다.

- 我没看过三遍，只看过两遍。 Wǒ méi kànguo sān biàn, zhǐ kànguo liǎng biàn.
  나는 세 번 보지 않고 두 번만 봤습니다.

- 你不告诉我一声，我怎么知道？ Nǐ bú gàosu wǒ yì shēng, wǒ zěnme zhīdao?
  당신이 제게 알려주지 않았는데 제가 어떻게 알겠습니까?

27 시량사

수량사 중에서 지속된 시간의 양을 나타내는 양사를 시량사라고 합니다. 시량사 역시 동량 사와 마찬가지로, 가정문에서만 不로 부정하고 나머지는 没로 부정합니다.

- 请你等一会儿。 Qǐng nǐ děng yíhuìr. 잠시 기다려주세요.

- 他死了三年了。 Tā sǐ le sān nián le. 그가 죽은 지 3년이 지났다.

- 他们俩结婚三年了。 Tāmen liǎ jiéhūn sān nián le.
  그들 둘은 결혼한 지 3년 되었습니다.

- 他们俩认识没几天。 Tāmen liǎ rènshi méi jǐ tiān.
  그들 둘은 서로 안지 며칠 되지 않습니다.

- 他来首尔不到三年。 Tā lái Shǒu'ěr bú dào sān nián.
  그가 서울에 온지 3년이 아직 안 됩니다.

01 빈칸에 알맞은 단어를 써서 문장을 완성해보세요.

1 (가격이) 쌀수록 좋아요. ➡ ＿＿便宜＿＿好。

2 연습을 많이 할수록 성적이 좋아져요. ➡ 练习＿＿＿＿＿成绩越好。

3 저 종류의 의상은 화려할수록 비싸요. ➡ 那种衣服＿＿华美＿＿＿＿。

4 그는 화가 날수록 창백해져요. ➡ 他＿＿＿＿＿脸色越苍白。

5 그가 서울에 온 지 이미 2년이 됐어요. ➡ 他来首尔已经＿＿＿＿＿了。

6 그 소설을 세 번 읽었어요. ➡ 那本小说我看过＿＿＿＿。

7 놀라서 죽는 줄 알았네. ➡ ＿＿死我了。

8 한 시간도 안 걸려 도착해요. ➡ ＿＿＿＿＿一个小时就到。

02 아래 단어를 잘 배열하여 문장을 완성해보세요. 新HSK

> 例如： 小船　　上　　一　　河　　条　　有
>
> <u>河上有一条小船。</u>

1 我　　半天　　等　　他　　来　　才　　了

＿＿＿＿＿＿＿＿＿＿＿＿＿＿＿＿＿＿＿＿＿＿＿。

2 见面　　我们　　分　　几　　没

＿＿＿＿＿＿＿＿＿＿＿＿＿＿＿＿＿＿＿＿＿＿＿。

3 我　　让　　看　　吧　　看

＿＿＿＿＿＿＿＿＿＿＿＿＿＿＿＿＿＿＿＿＿＿＿。

4 我　　公司　　派　　出差

＿＿＿＿＿＿＿＿＿＿＿＿＿＿＿＿＿＿＿＿＿＿＿。

成绩 [chéngjì] 명 성적 | 华美 [huáměi] 형 화려하다 | 苍白 [cāngbái] 형 창백하다, 풀이 죽다 | 半天
[bàntiān] 명 한참, 한나절 | 派 [pài] 동 보내다, 파견하다 | 出差 [chūchāi] 동 출장 가다

PART 19

비교하기, 我跟你一样

A 你觉得哪个队会赢?
Nǐ juéde nǎge duì huì yíng?
어느 팀이 이길 것 같으세요?

B 这很难说。
Zhè hěn nánshuō.
말하기 어려운데요.

○ "어느 팀이 이길까요?"

패턴회화 새단어
- 队 [duì] 명 팀
- 赢 [yíng] 동 이기다
- 难说 [nánshuō] 동 말하기 어렵다

보충 새단어
- 球 [qiú] 명 공. 골
- 输 [shū] 동 지다. 패하다
- 平 [píng] 형 같은 정도이다. 무승부이다
- 比分 [bǐfēn] 명 (경기의) 득점. 스코어

중국어로 '이기다'는 赢입니다. 승리가 이만큼이나 어렵다고 보여주려는 것인 양, 간체자인데도 글자가 무척 복잡하지요? 우리말 한자음을 이용해서 '망구월패범 亡口月贝凡'이라고 외워도 좋겠네요.

- 这场比赛我们赢了三个球。
Zhè chǎng bǐsài wǒmen yíng le sān ge qiú.
이번 경기는 우리가 세 골 이겼다.

- 他们输了三分。
Tāmen shū le sān fēn.
그들이 3점 졌다.

- 韩国队以二比一赢了日本队。
Hánguó duì yǐ èr bǐ yī yíng le Rìběn duì.
한국팀이 2대 1로 일본팀을 이겼다.

- 平了。
Píng le.
무승부예요.

운동 경기만큼 극명하게 과정보다 결과가 중요한 것도 없습니다. 언제나 우리의 관심은 스코어에 집중됩니다. "몇 대 몇이야?"

- 几比几?
Jǐ bǐ jǐ?
몇 대 몇이야?

- 比分是多少?
Bǐfēn shì duōshao?
스코어가 어떻게 되나요?

几比几?
平了。

MP3 251

原来蓝队的水平比红队高。

Yuánlái lán duì de shuǐpíng bǐ hóng duì gāo.

원래는 청팀의 실력이 홍팀보다 나아요.

📖 **패턴회화 새단어**

- 原来 [yuánlái] 부 원래
- 蓝 [lán] 명 남색
- 水平 [shuǐpíng] 명 수준
- 红 [hóng] 명 빨강색
- 高 [gāo] 형 높다

✏️ **보충 새단어**

- 队长 [duìzhǎng] 명 주장
- 经验 [jīngyàn] 명 경험
- 重 [zhòng] 형 무겁다
- 公斤 [gōngjīn] 양 kg (무게단위)
- 更 [gèng] 부 더욱

● "청팀이 더 잘해요."

'A는 B보다 ~하다'라는 비교 구문은 A + 比 + B + 비교 결과 (+구체적인 양의 차이), 형식을 이용하면 간단하게 표현됩니다.

- 老师比学生来得早。
  Lǎoshī bǐ xuésheng lái de zǎo.

  선생님은 학생보다 일찍 온다.

- 队长比我有经验。
  Duìzhǎng bǐ wǒ yǒu jīngyàn.

  주장은 나보다 경험이 많다.

구체적인 양의 차이는 수량사나 정도보어를 사용해서 나타냅니다.

- 他比我重十公斤。
  Tā bǐ wǒ zhòng shí gōngjīn.

  그는 나보다 10Kg 더 나간다.

- 他比我高得多。
  Tā bǐ wǒ gāo de duō.

  그는 나보다 많이 크다.

- 他比我高一点儿。
  Tā bǐ wǒ gāo yìdiǎnr.

  그는 나보다 조금 크다.

비교의 결과를 강조할 때는 정도부사(很, 非常)를 쓸 수 없고 更, 还를 씁니다.

- 今天比昨天还冷。
  Jīntiān bǐ zuótiān hái lěng.

  오늘은 어제보다 더 춥다.

他比我高一点儿。

패턴회화 **03**

MP3 252

A 但是今天他们表现得差不多。
　Dànshì jīntiān tāmen biǎoxiàn de chàbuduō.
　그런데 오늘은 양팀이 비슷하네요.

B 是啊。红队的水平一天比一天高了。
　Shì a. Hóng duì de shuǐpíng yì tiān bǐ yì tiān gāo le.
　그러게요. 홍팀의 수준이 하루가 다르게 높아지고 있어요.

 패턴회화 새단어

■ 表现 [biǎoxiàn] 명 행동, 표현
■ 差不多 [chàbuduō] 형 비슷하다

✏ **보충 새단어**

□ 个子 [gèzi] 명 키
□ 看法 [kànfǎ] 명 생각, 견해
□ 差不了 [chàbuliǎo] 형 큰 차이가 없다, 대체로 같다

○ **"비슷해요."**

박빙의 승부를 펼치는 '막상막하'의 경기나, 실력이 고만고만해서 '도토리 키재기네' 싶은 경기를 한마디로 표현하자면 '둘이 비슷하다'가 되겠네요. 'A는 B랑 비슷하(게 ~하)네요'라고 말하는 또다른 비교의 표현은 'A + 跟 + B + 一样 (+ 구체적인 양의 차이)' 형식으로 표현합니다.

• 我的个子跟他一样。　　　　내 키는 그와 같다.
　Wǒ de gèzi gēn tā yíyàng.

• 我的看法和你差不多。　　　내 견해는 너랑 비슷하다.
　Wǒ de kànfǎ hé nǐ chàbuduō.

• 我的个子跟他一样高。　　　내 키는 그와 같다.
　Wǒ de gèzi gēn tā yíyàng gāo.

• 我的个子跟他的不一样。　　내 키는 그와 다르다.
　Wǒ de gèzi gēn tā de bù yíyàng.

• 这两个差不了多少。　　　　이 두 개는 차이가 얼마 없다.
　Zhè liǎng ge chàbuliǎo duōshao.

我的个子跟你一样高。

Tip

"하루가 다르게"

시간이 지남에 따라 변화의 정도가 뚜렷해지는 상황을 설명할 때 관용적으로 쓰이는 표현입니다.
　· 一天比一天 날로날로, 하루가 다르게
　· 一年比一年 해마다, 해가 갈수록

패턴회화 04

A 进了! 漂亮!
Jìn le! Piàoliang!
골인! (솜씨가) 예술인데요!

MP3 253

패턴회화 새단어

■ 进 [jìn] 통 (바깥으로부터 안으로) 들다

보충 새단어

□ 普通话 [pǔtōnghuà]
명 (현대 중국어의) 표준어

"골인!"

운동 경기를 보는 쾌감은 곧바로 감탄사로 터져 나옵니다. '골인!' '(골 넣는 실력이) 예술인데!' 등의 표현들을 알아봅시다.

- 射门!   슛!
  Shè mén!

- 进球!   골인!
  Jìn qiú!

- 入网!   골인!
  Rù wǎng!

- 得分!   골인!
  Dé fēn!

- 漂亮!   거의 예술인데!
  Piàoliang!

- 精彩!   흥미진진한데!
  Jīngcǎi!

漂亮에 대해 좀더 알아볼까요? 보통 '아름답다'라고 알고 있는데 여기서는 '뛰어나다'는 뜻으로 쓰였습니다. 이처럼 한 단어가 가진 여러 가지 뜻을 잘 새겨두는 것이 중국어 실력을 높이는 데 무척 중요합니다.

- 事情办得很漂亮。   상황을 처리하는 능력이 무척 뛰어나군요.
  Shìqing bàn de hěn piàoliang.

- 普通话说得很漂亮。   표준어 구사력이 훌륭하시네요.
  Pǔtōnghuà shuō de hěn piàoliang.

精彩!

第十九课 비교하기, 我跟你一样 🔊 MP3 254

A 你喜欢什么运动?
Nǐ xǐhuan shénme yùndòng?

B 足球，网球，排球什么的都喜欢。
Zúqiú, wǎngqiú, páiqiú shénmede dōu xǐhuan.

不过我最喜欢打篮球。你呢?
Búguò wǒ zuì xǐhuan dǎ lánqiú. Nǐ ne?

A 我跟你一样。今天的比赛你觉得哪个队会赢?
Wǒ gēn nǐ yíyàng. Jīntiān de bǐsài nǐ juéde nǎge duì huì yíng?

B 这很难说。原来蓝队的水平比红队高。
Zhè hěn nánshuō. Yuánlái lán duì de shuǐpíng bǐ hóng duì gāo.

但是今天他们表现得差不多。
Dànshì jīntiān tāmen biǎoxiàn de chàbuduō.

A 是啊。红队的水平一天比一天高了。
Shì ā. Hóng duì de shuǐpíng yì tiān bǐ yì tiān gāo le.

B 进了! 漂亮!
Jìn le! Piàoliang!

网球 [wǎngqiú] 명 테니스 | 排球 [páiqiú] 명 배구 | 不过 [búguò] 접 그래도, 그런데 | 篮球 [lánqiú] 명 농구 | 一样
[yíyàng] 형 같다, 동일하다

A : 무슨 운동을 좋아하세요?

B : 축구, 테니스, 배구 등등 다 좋아해요.

　　그래도 농구를 제일 좋아해요. 당신은요?

A : 저도 같아요. 오늘 시합은 어느 팀이 이길 것 같아요?

B : 말하기 어려운데요. 원래는 청팀의 실력이

　　홍팀보다 나은데, 오늘은 양팀이 비슷하네요.

A : 그러게요. 홍팀의 수준이 하루가 다르게

　　향상되고 있어요.

B : 골인! 예술인데요!

이거 알아?

중국인이 가장 좋아하는 스포츠

탁구? 체조? 아니면 농구? 물론 이 종목들에서 걸출한 스타들이 많이 나왔고, 중국 브랜드연구원에서 집계한 개인브랜드 가치 순위에서는 미국 NBA 출신 야오밍(姚明)이 한때 1위를 차지한 농구가 가장 좋아하는 스포츠 종목이라 예상해 볼 수도 있겠습니다. 하지만 여태껏 중국이 두각을 드러내지 못했을 뿐 아니라 공한증에 시달리는 축구로 나와 있으며, 다만 국내 프로리그 보다는 유럽 프로축구를 더 즐겨 보기도 합니다. 반면에 한국인이 좋아하는 야구는 여전히 중국인들의 관심 밖에 있고 실지로 중국인들이 야구하는 모습을 거의 볼 수 없답니다.

28 여러 가지 비교 구문

A＋比＋B＋비교 결과 (＋구체적인 양의 차이) : A는 B에 비해서 ～하다

　　没有　　　　　　　　　　　　　　(부정형)　A는 B만큼 ～하지 못하다

- 你比他高一些。　Nǐ bǐ tā gāo yìxiē. 네가 그보다 조금 더 크다.

- 你没有他(那么)高。　Nǐ méiyǒu tā (nàme) gāo. 너는 그만큼 크지 않다.

A＋跟/和＋B＋一样＋구체적인 비교 내용 : A는 B와 같이 ～하다

　　　　不一样　　　　　(부정형)　A는 B와 다르다

- 你来跟他来都一样。　Nǐ lái gēn tā lái dōu yíyàng. 당신이 오나 그가 오나 같습니다.

- 我要买一本跟他一样的书。　Wǒ yào mǎi yì běn gēn tā yíyàng de shū.
  나는 그와 같은 책을 사려고 한다.

- 我跟他们一样想去中国。　Wǒ gēn tāmen yíyàng xiǎng qù Zhōngguó.
  나는 그들처럼 중국에 가고 싶다.

- 你来跟他来不一样。　Nǐ lái gēn tā lái bù yíyàng. 당신이 오는 것과 그가 오는 것은 다르다.

A＋有＋B＋(那么 / 这么)＋형용사 : A는 B만큼 ～하다

　　没有　　　　　　　　　　(부정형)　A는 B만큼 ～하지 못하다

- 我有他那么帅吗？　Wǒ yǒu tā nàme shuài ma? 제가 그만큼 멋있습니까?

- 我没有他那么帅。　Wǒ méiyǒu tā nàme shuài. 나는 그만큼 잘생기지 못했다.

A＋不如＋B＋형용사 : A는 B보다 ～하지 못하다

- 妹妹不如姐姐漂亮。　Mèimei bùrú jiějie piàoliang. 여동생이 언니보다 예쁘지 않다.

A＋比＋의문대사＋都＋형용사 : A가 가장 ～하다

- 这个东西比什么都便宜。　Zhège dōngxi bǐ shénme dōu piányi.
  이 물건이 다른 어떤 것보다도 싸요.(이 물건이 가장 싸다)

- 孩子们比谁都喜欢。　Háizimen bǐ shéi dōu xǐhuan. 아이들이 누구보다 가장 좋아한다.

- 这儿的景色比哪儿都好。　Zhèr de jǐngsè bǐ nǎr dōu hǎo. 이곳의 경치가 가장 좋다.

景色 [jǐngsè] 명 경치

01 빈칸에 알맞은 단어를 써넣으세요.

1 그 경기는 우리가 졌어요.

那场比赛他们_____了我们。
＝那场比赛我们输了他们。

2 내 반지가 네 것보다 훨씬 예뻐.

我的戒指_____你的更_____。
＝你的戒指没有我的漂亮。

3 그는 너보다 훨씬 힘이 세.

你_____他那么_____。
＝他比你更强。

4 세탁이 청소보다 귀찮아.

洗衣服_____打扫_____。
＝打扫没有洗衣服那么麻烦。

02 아래 단어를 잘 배열하여 문장을 완성해보세요. 新HSK

> 例如： 小船　　上　　一　　河　　条　　有
>
> <u>河上有一条小船。</u>

1 他　成绩　的　我　比　十五分　高

_____。

2 我　跟　难看　一样　吗

_____。

3 我　一样　你　和　想　中国　去

_____。

4 队　我们　赢　以　二　比　一　了

_____。

PART 20

비행기 타기, 登机手续

패턴회화 01

MP3 256

A 离飞机起飞还有一个小时呢。
Lí fēijī qǐfēi hái yǒu yí ge xiǎoshí ne.
비행기 이륙까지 아직 한 시간이나 남았잖아.

B 你赶快去办登机手续吧。
Nǐ gǎnkuài qù bàn dēngjī shǒuxù ba.
빨리 탑승 수속이나 밟아.

"안전띠를 꼭 매주세요."

국제선을 탈 때는 노선별로, 가격별로 외국의 비행기를 이용하는 경우가 많습니다. 중국은 국토가 넓어서 항공 분야의 발달이 빠른 편이고, 가격도 저렴해서 중국 항공편을 이용할 기회가 종종 있습니다. 다양한 안내방송들을 미리 익혀두면 편리합니다.

패턴회화 새단어

- 飞机 [fēijī] 명 비행기
- 起飞 [qǐfēi] 동 이륙하다
- 小时 [xiǎoshí] 양 시간
- 赶快 [gǎnkuài] 부 빨리, 어서
- 办 [bàn] 동 처리하다
- 登机 [dēngjī] 동 (비행기에) 탑승하다
- 手续 [shǒuxù] 명 수속, 절차

보충 새단어

- 将要 [jiāngyào] 부 막(장차) ~하려 하다
- 系 [jì] 동 매다, 묶다
- 安全带 [ānquándài] 명 안전벨트
- 确认 [quèrèn] 동 확인하다
- 是否 [shìfǒu] 부 ~인지 아닌지
- 关闭 [guānbì] 동 닫다
- 推迟 [tuīchí] 동 미루다, 연기하다
- 着陆 [zhuólù] 동 (비행기가) 착륙하다

• 飞机将要起飞了，请您系好安全带。
Fēijī jiāngyào qǐfēi le, qǐng nín jìhǎo ānquándài.
비행기가 곧 이륙하겠으니 안전벨트를 매주십시오.

• 请确认手机是否已关闭了。
Qǐng quèrèn shǒujī shìfǒu yǐ guānbì le.
휴대전화가 꺼져 있는지 확인해주십시오.

• 请把安全带系好。
Qǐng bǎ ānquándài jìhǎo.
안전벨트를 매주십시오.

• 起飞时间推迟了三十分钟。
Qǐfēi shíjiān tuīchí le sānshí fēnzhōng.
이륙이 30분 늦어졌습니다.

• 我们的飞机很快就着陆了。
Wǒmen de fēijī hěn kuài jiù zhuólù le.
비행기가 곧 착륙합니다.

请您再确认是否已系好安全带。
Qǐng nín zài quèrèn shìfǒu yǐ jìhǎo ānquándài.
승객 여러분께서는 안전벨트를 다시 확인해주십시오.

你赶快去办登机手续吧。

MP3 257

请您快一点儿到那边去排队。

Qǐng nín kuài yìdiǎnr dào nàbian qù páiduì.

빨리 저쪽으로 가서 줄을 서시기 바랍니다.

겸어문

패턴회화 새단어

- **排队** [páiduì] 통 정렬하다, 줄 서다

보충 새단어

- **句** [jù] 양 (말, 글의 수를 세는 단위) 마디, 편

请과 같은 동사를 이용하여 부탁하거나 시킨다는 것은 이미 배웠습니다. 그런데 가만히 들여다보면 请이 들어가는 문장에는 꼭 동사가 두 개씩 쓰인다는 것을 알 수 있습니다. 请你告诉我那个消息의 경우 '청하건대(동사 1) + 당신이 + 알려주세요(동사 2) + 내게 + 그 소식을'이 됩니다.

한 문장에 동사가 두 개 이상 나오는 구문에는 '친구를 만나러 베이징에 가요'와 같은 연동문이 있고, 오늘 배울 겸어문이 있습니다. 연동문은 주어가 하나인 반면, 겸어문은 앞 동사의 목적어가 뒷동사의 주어가 되어 '주어와 목적어를 겸'하므로 주어가 두 개라고 볼 수 있습니다.

주어 동사1 목적어

我 请 他 来。   나는 그가 오도록 부탁했다.

주어 동사2

- 他请我吃饭。   그는 내게 식사하기를 청했다. (그가 내게 밥을 산다)
  Tā qǐng wǒ chīfàn.

- 请你到前面说几句。   앞으로 나오셔서 말씀 몇 마디만 해주세요
  Qǐng nǐ dào qiánmian shuō jǐ jù.

请您快一点儿到那边去排队。

A 真没想到时间这么紧张。
Zhēn méi xiǎng dào shíjiān zhème jǐnzhāng.
시간이 이렇게 급박할 줄 몰랐어.

B 所以我叫你早一点儿出来嘛。
Suǒyǐ wǒ jiào nǐ zǎo yìdiǎnr chūlai ma.
그러니까 너보고 빨리 나오라고 했잖아.

 패턴회화 새단어

■ 紧张 [jǐnzhāng] 형 긴장하다
■ 嘛 [ma] 조 당연한 일임을 나타
  내는 어기조사

✏ 보충 새단어

□ 梦 [mèng] 명 꿈
□ 醒 [xǐng] 동 깨어나다. 정신이
  들다
□ 用功 [yònggōng] 동 힘써 배
  우다, 열심히 공부하다
□ 离开 [líkāi] 동 떠나다, 헤어지다

"쟤가 시켰어요."

请 외에도 겸어문을 만드는 동사들이 있습니다. '~에게 …를 시키다' '~로 하여금 …하게
하다'라는 의미로 쓰이는 동사 叫, 让, 使가 그것입니다.
회화에서는 叫와 让을 더 많이 사용합니다.

• 妈妈叫我去。
  Māma jiào wǒ qù.

어머니가 나보고 가라고 하신다.

• 老师叫学生用功学习。
  Lǎoshī jiào xuésheng yònggōng xuéxí.

선생님은 학생들에게 열심히 공부하라고 시키신다.

• 我让他进来。
  Wǒ ràng tā jìnlai.

나는 그에게 들어오라고 시켰다.

• 爸爸不让我离开。
  Bàba bú ràng wǒ líkāi.

아버지는 나에게 떠나지 말라고 시켰다.

使의 주어는 일반적으로 무생물이 쓰입니다.

• 这次的成绩使我很高兴。
  Zhè cì de chéngjì shǐ wǒ hěn gāoxìng.

이번 성적은 나를 기쁘게 했다.

• 他的一句话使我从梦中醒了过来。
  Tā de yí jù huà shǐ wǒ cóng mèng zhōng xǐngle guòlai.

그의 한마디는 나를 꿈에서 깨어나게 했다.

妈妈叫我去。

패턴회화 04

MP3 259

A 登机手续终于办完了。　마침내 탑승 수속을 마쳤다.
　Dēngjī shǒuxù zhōngyú bànwán le.

B 你真让我头疼。　너 때문에 골치 아프다.
　Nǐ zhēn ràng wǒ tóuténg.

📖 패턴회화 새단어

■ 完 [wán] 형 완전하다, 완벽하다

🔵 '갈아타는 곳'

공항에서 볼 수 있는 표지판들과 관련 용어를 알아봅니다.

- 转乘
  zhuǎnchéng
  환승

- 国内航班
  guónèi hángbān
  국내선

- 国际航班
  guójì hángbān
  국제선

- 到达时间
  dàodá shíjiān
  도착시간

- 签证
  qiānzhèng
  비자

- 行李领取处
  xíngli lǐngqǔchù
  수하물 찾는 곳

- 护照
  hùzhào
  여권

- 登机口
  dēngjīkǒu
  탑승구

- 登机牌
  dēngjīpái
  탑승권

你真让我头疼。

第二十课 비행기 타기, 登机手续 MP3 260

A 你怎么现在才来?
Nǐ zěnme xiànzài cái lái?

B 离飞机起飞还有一个小时呢。
Lí fēijī qǐfēi hái yǒu yí ge xiǎoshí ne.

A 你赶快去办登机手续吧。
Nǐ gǎnkuài qù bàn dēngjī shǒuxù ba.

B 先生，这是我的机票，我应该在哪儿排队?
Xiānsheng, zhè shì wǒ de jīpiào, wǒ yīnggāi zài nǎr páiduì?

C 请您快一点儿到那边去排队。
Qǐng nín kuài yìdiǎnr dào nàbiān qù páiduì.

B 真没想到时间这么紧张。
Zhēn méi xiǎng dào shíjiān zhème jǐnzhāng.

A 所以我叫你早一点儿出来嘛。
Suǒyǐ wǒ jiào nǐ zǎo yìdiǎnr chūlai ma.

B 登机手续终于办完了。
Dēngjī shǒuxù zhōngyú bànwán le.

A 你真让我头疼。
Nǐ zhēn ràng wǒ tóuténg.

先生 [xiānsheng] 명 (성인 남자에 대한 존칭) 씨 | 机票 [jīpiào] 명 비행기 티켓

A : 왜 이제서야 오는 거야?

B : 비행기 이륙까지 아직 한 시간 남았잖아.

A : 빨리 탑승 수속이나 밟아.

B : 아저씨, 이건 제 비행기표입니다. 어디로 가서
　　줄을 서야 하나요?

C : 빨리 저쪽으로 가서 줄을 서시기 바랍니다.

B : 시간이 이렇게 급박할 줄 몰랐어.

A : 그러니까 너보고 빨리 나오라고 했잖아.

B : 마침내 탑승 수속을 마쳤다.

A : 너 때문에 골치 아파.

베이징 首都(서우두) 국제공항

제1, 2, 3공항이 각각 멀지 않은 거리에 있으며, 항공사별로 이용하는 공항이 구분되어 있습니다.
그 중 한국인들이 주로 이용하는 항공사를 공항 별로 구분해 살펴보면 중국동방, 대한항공, 중국남방
항공을 이용할 때는 제2공항을 이용하고, 아시아나항공과 중국국제항공을 이용할 때는 제3공항을 이
용합니다.
특히 베이징수도공항은 지난 2001년 2,400만 명 정도로 세계 30위권이었던 수송 승객수가 2008년에
5,500만 명으로 8위를 기록하는 등 10여 년간 수송 승객수에서 무척 가파른 상승세를 이어가고 있고,
이런 추세에 맞추어 2008년에는 7,600만 명을 수용할 수 있는 제3공항을 개장하였는데 이 공항은 현
재 두바이 국제공항 3터미널에 이어 세계 2번째로 큰 규모를 자랑하고 있습니다.

29 겸어문

겸어문에 쓰이는 대표적인 동사들로는 让, 叫, 使가 있습니다.
让은 보다 부드러운 어감을 갖습니다. 또한 让我, 让我们처럼 말하면 바람을 나타냅니다.

- 抱歉, 让你久等了。 Bàoqiàn, ràng nǐ jiǔ děng le. 오래 기다리게 해서 죄송합니다.

- 给我时间, 让我决定吧。 Gěi wǒ shíjiān, ràng wǒ juédìng ba.
  내가 결정할 수 있도록 시간을 주세요.

- 让我们明天会更好。 Ràng wǒmen míngtiān huì gèng hǎo.
  우리의 내일은 더욱 좋을 겁니다.

부정은 不, 没를 사용합니다.

- 爸爸不让我抽烟。 Bàba bú ràng wǒ chōuyān. 아버지는 내게 담배를 피지 말라고 하신다.

- 我没有叫你在家里等我。 Wǒ méiyǒu jiào nǐ zài jiāli děng wǒ.
  나는 너보고 집에서 기다리라고 하지 않았다.

이외에도 많은 동사들이 겸어문 형식으로 쓰입니다. 우선 要가 '요구하다'라는 뜻의 일반 동사
로 쓰일 때 흔히 겸어문의 구조를 띕니다.

- 我要你来, 不要他来。 Wǒ yào nǐ lái, búyào tā lái. 그는 오지 말라고 하고, 당신이 오세요.

- 他要我快点儿吃。 Tā yào wǒ kuàidiǎnr chī. 그는 나보고 빨리 먹으라고 요구한다.

그 외에도 派, 要求, 喜欢, 有 등의 동사가 있습니다.

- 科长派我去杭州办事。 Kēzhǎng pài wǒ qù Hángzhōu bànshì.
  과장은 사무 처리를 위해 나를 항저우로 보냈다.

- 你以后不要求我帮忙。 Nǐ yǐhòu bù yāoqiú wǒ bāngmáng.
  당신은 앞으로 도와달라고 나에게 부탁하지 마세요.

- 我喜欢她化妆。 Wǒ xǐhuan tā huàzhuāng. 나는 그녀가 화장하는 것을 좋아합니다.

- 古代有个书法家叫王羲之。 Gǔdài yǒu ge shūfǎjiā jiào Wáng Xīzhī.
  고대에 왕희지라는 서예가가 있었습니다.

抱歉 [bàoqiàn] 형 미안한 마음을 품다 | 决定 [juédìng] 동 결정하다 | 科长 [kēzhǎng] 명 과장 | 杭州
[Hángzhōu] 명 항저우(중국의 지명) | 化妆 [huàzhuāng] 동 화장하다 | 古代 [gǔdài] 명 옛날, 고대 | 书法家
[shūfǎjiā] 명 서예가

01 다음 빈칸에 적당한 단어를 써넣으세요.

如果你想去中国北京，先要 **1** 비행기표를 예약하다＿＿＿＿＿＿，然后带着 **2** 여권과 비자＿＿＿＿＿＿，去 **3** 공항＿＿＿＿。机场一般都很大，所以你得注意看电子显示牌。比如，**4** 국제선＿＿＿＿，**5** 탑승구＿＿＿＿，**6** 도착 시간＿＿＿＿什么的。登机时，你应该听 **7** 스튜어디스＿＿＿＿的安排。**8** 1시간여＿＿＿＿以后，你就可以到北京了。

02 아래 단어를 잘 배열하여 문장을 완성해보세요. 新HSK

> 例如： 小船　　上　　一　　河　　条　　有
>
> <u>河上有一条小船。</u>

1 做　　我　　让　　给　　机会　　我

＿＿＿＿＿＿＿＿＿＿＿＿＿＿＿＿。

2 我　　丈夫　　派　　公司　　天津　　去

＿＿＿＿＿＿＿＿＿＿＿＿＿＿＿＿。

3 有　　个　　给　　男　　表白　　我　　的

＿＿＿＿＿＿＿＿＿＿＿＿＿＿＿＿。

4 化妆　　他　　喜欢　　我

＿＿＿＿＿＿＿＿＿＿＿＿＿＿＿＿。

签证 [qiānzhèng] 명 비자 | 机场 [jīchǎng] 명 비행장, 공항 | 登机口 [dēngjīkǒu] 명 탑승구 | 电子显示牌 [diànzi xiǎnshì pái] 명 전광판 | 空中小姐 [kōngzhōngxiǎojiě] 명 스튜어디스 | 天津 [Tiānjīn] 명 톈진 (중국 도시 이름) | 表白 [biǎobái] 동 고백하다

정답 및 해설

PART1 인사하기, 你好!

01
1 看
2 听
3 说
4 写

02
1 我爱你。
  중국어는 주어 + 술어 + 목적어의 어순구조를 갖는다.
2 你来不来?
  의문문 형식이 되려면 문장 끝에 吗를 붙여서 일반의문문을 만들거나, 동사를 정반형으로 겹쳐 정반의문문을 만든다.
3 我们去, 你们呢?
  呢는 의문을 나타내는 문장의 끝에 쓰여 의문의 어기를 나타낸다.
4 我们也都很忙。
  같은 부사라도 也, 都, 很의 순서로 쓰인다.
5 你去学校吗?
  목적어 자리에 장소명사 学校가 왔으니, 앞에는 '~에 가다'라는 동사가 나온다.

PART2 이름 묻기, 您贵姓?

01
1 好吃
2 好喝
3 甜
4 咸
5 苦
6 辣
7 淡
8 油腻

02
1 他明天不来。
  동사의 부정은 不로 한다.
2 他帅不帅?
  의문문을 만들 때는 吗를 붙이거나 동사의 정반형을 연이어 붙여주거나 둘 중 하나만 한다.
3 昨天她没来。
  没는 과거 사실을 부정한다.
4 水平高不高?
  정반형 의문문으로 앞에는 긍정의 술어가 와야 한다.
5 认识您很高兴。
  认识는 '어떤 사실이나 사람을 알다'는 뜻으로 여기서는 사람이 나온다.

PART3 나이 묻기, 你多大?

01
1 比萨饼
2 热狗
3 巧克力
4 牛奶
5 Kěndéjī
6 Màidāngláo
7 Bìshèngkè
8 Xīngbākè

02
1 昨天我没吃晚饭。
  과거의 부정은 没로 한다.
2 我不是加拿大人。
  명사술어문을 부정할 때는 不是를 다 써준다.
3 为什么你去必胜客?
  목적어 자리에 장소명사 必胜客가 왔으니, 앞에는 '~에 가다'라는 동사가 나온다.
4 这是主食。
  나이나 시간 등을 말하는 경우(명사술어문)를 제외하고는 반드시 술어가 필

요하다.
5 你是哪国人?
  어느 나라 사람인지 물을 때는 의문대사 哪를 쓴다.

PART4 직업 묻기, 做什么工作?

01
1 zài, 在
2 zài, 在
3 yǒu, 有
4 yǒu, 有
5 zài, 在
6 yǒu, 有
7 zài, 在
8 yǒu, 有

02
1 你家有几口人?
  가족이 몇 명이냐고 물을 때는 10 미만에 쓰는 의문대사 几를 쓴다.
2 你们班有多少学生?
  한 학급의 학생 수를 물을 때는 10 이상에 쓰는 의문대사 多少를 쓴다.
3 你做什么工作?
  '어떤 일을 하다'라는 술어의 뜻을 가진 做를 쓴다.
4 你在哪儿工作?
  장소를 가리키는 의문대사 앞에는 '~에서'의 뜻을 가진 在가 온다.
5 你有铅笔吗?
  소유나 존재를 나타내는 동사 有가 술어로 쓰인다.

PART5 시간 묻기, 几点?

01
1 两, 十五 / 两, 一
2 十二, 三十 / 十二, 半
3 八, 五十 / 差, 九
4 一, 五 / 过, 一

02

1 看那部电影要三个小时。
시간의 경과를 나타낼 때는 小时를 쓴다.

2 后天我们见面，好吗？
만남을 제안하는 것이므로 미래시제를 나타내는 단어가 나온다.

3 今天不是星期五。
명사술어문을 부정할 때는 是를 생략할 수 없다.

4 两次联系。
뒤에 양사가 있으므로 수사 两을 쓴다.

5 现在几点钟？
시간을 물을 때는 의문대사 几를 쓴다.

PART6 동작의 진행, 在干什么呢？

01

1 在
2 正
3 正在 혹은 正 혹은 在，呢
4 在
5 跑步
6 踢足球
7 看朋友
8 散步

02

1 左面有大路。
좌측, 우측을 나타낼 때에는 面을 쓴다.

2 他们没在运动。
진행형은 没로 부정한다.

3 他打着伞等车。
진행을 만들어주는 着는 동사 앞에 쓴다.

4 桌子上有五支笔。
동작을 나타내지 않고 상태를 나타내는 동사는 진행형을 만들 수 없다.

5 在图书馆的附近。
장소 앞에 오는 전치사 在는 장소명사 앞에 쓴다.

PART7 날씨묻기, 天气怎么样？

01

1 喜欢
2 进行
3 希望
4 打算

02

1 他告诉我一个秘密。
告诉는 '~에게', '~을'의 두 가지 목적어를 순서대로 취한다.

2 他问我牌子。
问은 '~에게', '~을'의 두 가지 목적어를 순서대로 취한다.

3 他给妻子礼物。
给는 '~에게', '~을'의 두 가지 목적어를 순서대로 취한다.

4 他还银行钱。
还은 '~에(게)', '~을'의 두 가지 목적어를 순서대로 취한다.

5 我希望去游乐园。
去游乐园은 동사구로 동사구를 목적어로 취할 수 있는 동사 希望이 온다.

PART8 가격 묻기, 多少钱？

01

1 休息休息 혹은 休息一下(儿)
2 等(一)等 혹은 等一下(儿)
3 讨论讨论 혹은 讨论一下(儿)
4 商量商量 혹은 商量一下(儿)

02

1 妹妹努力地学习。
술어를 수식하는 것은 的가 아니라 地이다.

2 看一看。
A형 동사의 중첩은 A(一)A 혹은 A一下(儿)이다.

3 305元：三百零五元
10의 자리에 있는 0은 읽어준다.

---

4 我要黄瓜。
"~ 주세요(~가 필요해요)"라고 표현할 때는 동사 要를 쓴다.

5 看电视的人
명사를 수식하는 것은 地가 아니라 的이다.

PART9 흥정하기, 便宜一点儿

01

1 会
2 能
3 要
4 想

02

1 妈妈在开车呢。
呢는 서술문의 끝에 쓰여 사실을 확인하는 어기를 나타낸다.

2 那件太俗了。
형용사의 정도를 강조할 때는 太…了를 쓴다.

3 这家商店打了六折。
折는 1/10의 개념이다.

4 请你给我便宜一点儿。
一点儿은 술어 뒤에 쓰여 객관적인 정도가 '조금, 약간'임을 나타낸다.

5 不能再便宜了。
不能 뒤에 再가 와서 '더 이상 ~할 수 없다'의 뜻으로 쓴다.

PART10 길 묻기, 怎么走？

01

1 坐公共汽车
2 打的
3 坐地铁
4 坐火车
5 一遍
6 一场
7 一拳

221

8 三顿

02
1 爷爷没去过德国。
시태조사 过는 没로 부정한다.
2 网吧离这儿比较远。
장소의 거리를 나타낼 때는 离(~에서부터)가 나온다.
3 你们吃过烤鸭吗?
시태조사 过는 동사 바로 뒤에 쓴다.
4 往东走就到了。
往은 동작의 방향을, 离는 두 지점 간의 거리를 나타낸다.
5 他又漂亮又聪明。
두 개의 형용사 앞에 각각 부사 又가 와서 '~이기도 하고 ~이기도 하다'의 뜻으로 쓰인다.

PART11 전화 걸기, 打电话

01
1 在吗
2 是我
3 你的同学
4 有什么事
5 作业
6 听写
7 谢谢, 明天见

02
1 我这里还是秋天。
명사 뒤에 장소를 나타내는 지시대사를 붙여주면 '그 명사가 있는 곳'이된다.
2 请王先生接电话。
接电话는 '전화를 받다'는 뜻이지만, 앞에 '请+사람'이 나왔으므로 '~를 바꾸어 주세요'의 뜻으로 쓰인다.
3 您拨的电话是关机。
拨는 주로 '전화 다이얼을 돌리다'의 뜻으로 쓰인다.
4 你打错了。
打는 여러 가지 뜻이 많지만 错 앞에서는 '전화를 잘못 걸다'의 뜻이 된다.

5 给你添麻烦了。
번거로움을 주어서 미안하다고 할 때는 麻烦을 쓴다.

PART12 과거 시제, 吃了没有?

01
1 真让人羡慕
2 别开玩笑
3 我觉得
4 算了吧

02
1 快要放学了。
快要……了의 구문으로 '곧 ~하려고하다'의 뜻으로 쓰인다.
2 小张吃了五碗饭。
목적어가 了 뒤에 올 때는 수사나 양사가 따라붙어야 한다.
3 我没生你的气。
과거시제는 没로 부정하고 了는 생략한다.
4 你打了鼓没有?
了를 부정할 때는 没有로 한다.
5 我跟马丽一起吃了。
누구와 함께 어떤 일을 함을 나타낼때는 전치사 跟을 쓴다.

PART13 결과보어, 准备好了

01
1 洗干净
2 听错
3 修好
4 猜对
5 说清楚
6 看懂
7 办好
8 读完

02
1 我是从上海来的。
완료 사실을 강조할 때는 是……的구문을 쓴다.

2 金小姐会骑马。
'말을 타다'라고 할 때는 동사 骑를 쓴다.
3 猜对了。
결과보어는 동사 바로 뒤에 따라붙는다.
4 我的摩托车修好了。
상황이 좋아진 것을 나타낼 때는 결과보어 好가 온다.
5 我是打的来的。
'택시를 타다'의 뜻으로 많이 쓰이는打的(dǎ dí)를 익혀 두자.

PART14 상황 묻기, 过得怎么样?

01
1 地
2 得
3 的
4 的
5 得
6 地
7 地
8 得

02
1 天气热得很不很?
정도보어가 있는 문장의 정반의문문은 得 뒤의 보어를 가지고 만든다.
2 已经三十多年了。
어림수를 만들 때 多의 위치는 10 미만의 경우는 양사 뒤에, 10 이상인 경우는 양사 앞에 온다.
3 我打得不太好。
정도보어의 부정은 得 뒤에서 이루어진다.
4 中国发展得真快。
정도보어를 이끄는 조사는 得이다.
5 祝你一路顺风!
'빌다, 축원하다'의 뜻을 가진 祝를 문장 맨 앞에 쓴다.

223

동양북스 분야별 추천 교재

관광

중국어뱅크
관광 중국어 1

중국어뱅크
관광 중국어 2

중국어뱅크
의료관광 중국어

실무

중국어뱅크
판매 중국어

중국어뱅크
호텔 중국어

중국어뱅크
항공 서비스 중국어

중국어뱅크
비즈니스 실무
중국어 (초·중급)

중국어뱅크
비즈니스 실무
중국어 (중·고급)

어법

버전업!
삼위일체 중문법

똑똑한 중국어
문법책

중국어 문법·
작문 업그레이드

北京大学
중국어 어법의 모든 것

한자·어휘

중국어뱅크
중국어 간체자

중국어뱅크
중국어 간체자
1000

가장 쉬운
독학 중국어 단어장

新 버전업
중국어 한자 암기박사

문화

중국어뱅크
버전업 사진으로
보고 배우는
중국문화

중국어뱅크
시사 따라잡는 독해
중국 읽기

📘 동양북스 단계별 추천 교재 시리즈

	한어구어		스마트 중국어(회화)	베이직 중국어
입문과정	 중국어뱅크 북경대학 한어구어 1	 중국어뱅크 북경대학 12과로 끝내는 한어구어 上	 중국어뱅크 스마트 중국어 STEP 1	 중국어뱅크 베이직 중국어 1
초급과정	 중국어뱅크 북경대학 한어구어 2	 중국어뱅크 북경대학 12과로 끝내는 한어구어 下	 중국어뱅크 스마트 중국어 STEP 2	 중국어뱅크 베이직 중국어 2
초중급과정	 중국어뱅크 북경대학 한어구어 3	 중국어뱅크 북경대학 한어구어 4	 중국어뱅크 스마트 중국어 STEP 3	 중국어뱅크 베이직 중국어 3
중고급과정	 중국어뱅크 북경대학 한어구어 5	 중국어뱅크 북경대학한어구어 6	 중국어뱅크 스마트 중국어 STEP 4	